ライティング力を磨く
英単語
Highly Selected 626
English Words
for Writing
厳選626

Kosuke Azuma　Chikara Funaguchi
東 皇佑＋舟口 力 著

ベレ出版

は じ め に

　大学受験の際にいくつかの単語帳を使用したが、どの単語帳を見ても、いつどこで使ったら正解になるのかが分からず、実際に覚えた単語を英語の試験で使ってみてもなかなか点数が伸びないという現実に直面した。

　その問題をどうしたら解決できるのかと考えた結果、誰が読んでも違和感のない文章を作り上げるには、基本単語の使い方のバリエーションを学ぶ必要があるという結論に至った。

　本書は英文構成のメソッドはあまり扱っておらず、単語の根本の意味、よく使われる意味に着目しながら、英語ライティングにおいて、できるだけ違和感のない文章、ミスのない文章を書くための本である。

　収録語彙については、TOEFL, TOEIC, IELTS、大学入試問題、英検のライティング問題から頻出の単語に加えて、ネイティブスピーカー、インターナショナルスクール生の様々なジャンルの論文やエッセイを元に、より多くの単語を集めコーパスを用いてさらに最重要と考えられる単語に絞った。更に、英語ライティングにおいて間違いやすいものを英英辞書、英語講師やネイティブスピーカーの意見、また、日本の学生の英語ライティングを参考にしながら解説している。自動詞、他動詞など基本的な情報から、単語を用いるのに適切な文型や相性のいい単語の組み合わせ（コロケーション）などの細かい情報をインプットし、基本的なライティング力向上を図ることができる。

　第1部では、主に試験で圧倒的に使う回数が多いもの、また頻度自体は高くないものの日本人が英作文をする際によく使う単語を盛り込んでいる。基本単語ということもあり、解説のボリュームを増やし、単語を深くまで理解し、様々な状況に対応できるよう努めた。第2部では発展的とま

ではいかないが、第1部よりは比較的使用頻度が低いものや特に注意が必要なものを記している。扱いが難しいものも多いため、実際のコロケーションや相性のいい単語を多く示し、使える幅を増やせるような構成としている。

　単語帳を一冊仕上げた人、英語を学び直したいと考えている初級者から中級者に効果的な一冊となっている。

2020年5月　著者

Ｃｏｎｔｅｎｔｓ
目次

1 短縮形では書かない

don't（do not）や THX（Thanks）のような短縮形はライティングでは用いない。ただし、Acronym（頭字語）は使っても良い（e.g. World Health Organization → WHO）。

2 稚拙に見えるため同じ単語は極力繰り返さない

言い換えや類義表現を覚えよう。ただしコロケーションが不明なものを使うとミスを誘発するため、他の適切な表現が思い浮かばないときには、同じ単語を繰り返しても良い。

3 アカデミックな英作文においては疑問形で書かない

Is it really true?「これは真実だろうか?」のような形で問題提起をしない。

4 thing,stuff など漠然としすぎている単語は、あまり使わないこと

ただし、言い換えに困った場合、使う単語が浮かばない場合にはコロケーションやニュアンスの分からない難しい単語を使うよりは thing,stuff を使う。

5 抽象名詞はあまり使わないこと

例えば、importance（重要性）という単語を使うと、正しいコロケーションなのか判断できないことが多い。それならば、how important ~ というように句で表現した方がミスは抑えられる。

6 英英辞書を積極的に活用しよう

英和辞典、和英辞典はもちろん様々な表現が載っていて便利だが、あまりに頼りすぎると実際にはあまり使われない表現、文脈から判断するとおかしい表現を使ってしまう可能性がある。何を使って調べれば良いのか分からないという人は次頁の「英英辞書、コーパスの重要性」をチェック。

英英辞書、コーパスの重要性

　英語学習で欠かせないのが、使いたい表現を調べるという行為だ。しかし、やみくもにネットで調べても色々な情報が錯綜していてどれを信用したら良いか分からないだろう。検索して最初に出てきたサイトの情報が間違っているということもある。そこで使いたい表現が適切かどうか確かめたいときに役立つツールを紹介する。

①英英辞書

　英英辞書と聞くと、英語で書かれているから難しいというイメージが先行してしまうかもしれないが、実際にロングマンやオックスフォードの英英辞書を見れば比較的簡単な英語で説明されていることが分かる。どんな場面で使われているかも明確に示されているので調べ物の際に何度か試してみよう。

②コーパス

　聞いたことがない人も多いツールだと思うが、英語を学習していく上でかなり役立つのでこの際に覚えておこう。コーパスとは、新聞や論文、インターネットサイトなどから莫大な量の文章を収集し、データベース化したものだ。コーパスを使えば、気になる単語や表現が実際にどのように使われているのか、その単語と相性の良い単語（コロケーション）は何か、自分が使った表現が実際に英語圏で使われているのか、などが確認できる。

　有名な英語のコーパスサイトとしては、COCA(Corpus of Contemporary American English) や iWeb が存在する。

　コーパスは膨大な数のネイティブが実際に使った表現を参照するという点で信用のあるソースだと言える。自分が考えた表現をコーパスで検索にかけて1件もヒットしなかったら、それはネイティブが使っていない表現とみなすことができるため、その表現は理解してもらえないという可能性を知ることができる。

オンラインソース一覧

ロングマン英英辞書	https://www.ldoceonline.com/
オックスフォード英英辞書	https://www.oxfordlearnersdictionaries.com/
COCA	https://www.english-corpora.org/coca/
iWeb	https://www.english-corpora.org/iweb/

COCAとiWebの詳しい使い方

　Google 翻訳や和英辞書、weblio などで出てきた表現をそのまま使ってしまう人もいるだろう。これらを使うこと自体は全く悪くないのだが、何も考えずそのまま使ってしまうことに問題がある。出てきた表現が本当に英語圏で使われている表現なのかを確認するために、英英辞書やコーパスでも調べ、より自然な表現を身に付けよう。

参考

内田諭，実践で学ぶコーパス活用法，研究社ウェブマガジン Linga，研究社，
http://www.kenkyusha.co.jp/uploads/lingua/prt/13/UchidaSatoru1408.html
（参照 2020-05-27）

第 **1** 部

動　詞

have	welcome	consider
make	visit	increase
use	agree	decrease
see	argue	decline
look	treat	locate
take	realize	exercise
bring	die	stay
feel	break	hear
say	solve	improve
study	accept	start
learn	describe	grow
show	recognize	try
tell	prevent	turn
teach	wait	pay
understand	approve	move
appreciate	mean	communicate
seem	serve	spread
sleep	limit/limited	close
care	run	call
matter	ask	occupy
cause	live	work
spend	develop	lack
conduct	help	believe-trust
find	educate	tend-likely
discover	come	act-behave
publish	expect	select-choose
continue	remain	happen-occur
persuade	appear	want-hope-wish
decide	maintain	establish-found
enjoy	rise	
entertain	raise	

■ have / hǽv / 他
持つ

「持つ（含む）」の意味になるが、その範囲は実際の所有から、考え、感情、能力など様々なものにわたる。その他「（会議やパーティーなどを）開く」の意味も重要。

よくあるミス

- 〜に対して劣等感を感じる
  - × feel an inferiority complex against 〜
  - ○ **have** an inferiority complex against 〜

inferiority complex は基本的にいつでも単数。

頻出

- 会議を開く
  have a meeting
  hold よりも仰々しさがない。

- 日本には訪れる場所がたくさんある。
  Japan **has** a lot of places to visit

- 〜するのに苦しむ（悪戦苦闘する）
  have a hard time Ving 〜
  Ving 〜がない場合は「つらい目に遭う」というような意味合い。

* feel は「ある感情を経験する」という一時的なものであるに対し、have には継続性がある。inferiority complex は瞬間的に感じるものではなく継続して感じるものなので have となると考えると良い。「彼がテストで良い点を取って私は劣等感を感じた」というように継続性が意図されていないときは feel inferior to 〜を使う。

■ make / méɪk / 他
作る

「ものに力を加える」ことで何か別のものを生み出す、ということだ。そのため「作る」という意味になる。

例

- 寿司を握る
  make sushi
  通例、cook は「火を用いて料理を作ること」、prepare は「料理を準備して食べられる状態にしておくこと」を指すが、make はこれらと同じ意味を含むこともできる。

- お金を稼ぐ
  make money
  「〜で稼ぐ」といいたい場合は out of 〜。

- その猫は良いペットになるだろう。
  The cat will **make** a good pet.
  「ある目的のための資質を備えている」という意味。目的語は「良いペット」のように必ず形容詞＋名詞というかたちにすること。

- 〜でできている
  be made of/from 〜
  of は原形が残らない、いわば原料から作るという意味。from は木などそのものを利用して作るときに使う。

- 〜に進む
  make for 〜
  ある場所に向かうこと。

* produce は production (p.90) と同じく工場で作ること、create は何か創造性やこだわりを持って作ることというニュアンス。

3

■ use / júːz (júːs 名) / 他 Ⓤ Ⓒ
使う、利用　利用法

　主に何か目的があってその目的のために使うことを表す。動詞では、もの、ものの量（消費する）、才能、能力、権力（行使する）など様々なものを「使う」。名詞形もあり、「利用」「利用法」という意味では a use のかたちか不可算名詞、「用途（利用目的）」という意味では可算名詞。

頻出

- ～に対して権力を行使する
  use (one's) power over ~

- 年間50トンの洗剤を消費する
  use 50 liters of detergent a year

- ～するのに（もの）を使う
  use sth to V ~

- インターネットの利用の広まり
  the widespread **use** of the internet

- 様々な用途がある
  have different **uses**
  have (a) use(s) (for ~) のかたちが頻出。

- 役に立つ（立たない）
  be of (no) use
  It is no using Ving ~ で「～しても無駄である」という意味になるが、この use と考え方は同じだ。

4

■ see / síː / 自他
見る　見える

　「見る」の意味では、「あるものが視界に入ること」を意味することが多い。また視力の問題で「見える」「見えない」という時にも、can (not) see ~ のかたちで頻出。その他、情報やものを「確認する」の意味も重要。

よくあるミス

- 映画を見る
  - △ watch a movie
  - ○ see a movie

  映画、劇などでは see が用いられる。映画館に行けば大きな画面で上映されているため、意識せずとも視界に入るからだと考える。

頻出

- 子供が道路で遊んでいるのが見える
  see the child playing on the road

- 彼の推測が正しいか確認する
  see if his guess is right
  if の他に5W1Hや直接名詞も続く。

- 自分を社会の一員だと考える
  see oneself as a member of society
  regard as よりもこちらの方がよく使われる。

*その他「見る」という意味の英単語を比較しておく。watch は起きていることに対して注意を払いじっと見ること。gaze は知らず知らずのうちにじっと見ること、stare は凝視することである。このうち gaze, stare は自動詞のため必ず対象を示すときは at などの前置詞を伴う。

■ look /lók/ 自 (他)
見る

lookの「見る」は、主に「止まっているものに対して視線を向けた結果、見ることができる」という意味。これはatなどを用いてどこに視線を向けるか指定する必要がある。外観や様子から「～のように見える」という意味も重要。

よくあるミス

- 鏡を見る
  - △ look at a mirror
  - ○ **look in** a mirror

atだけ覚えておくのは危険。「鏡を見る」は鏡に映った、その中にいるものを見るためinが使われると考えると良い。単に鏡そのものに視線を向けるのならat。

頻出

- (.人)を見下す, 軽視する
  look down on sb

look down onは相手との立場の差から「見下す」、「軽視する」であるため人にのみ用いられる。

- ～をざっくり見る
  look ~ over

look through ~だと「(本や新聞に)さっと目を通す」になる。

- 彼は動揺しているようだ。
  He **looks** upset.

lookに続いてtiredなどの形容詞やas if SV ~、〈like+名詞〉が来る。

＊自動詞で「探す」の意味も頻出。これはsearchよりも日常的な場面で使われる。look for ~「～(場所)を探す」を基本として、under ~「～の下を」などを使えると良い。

■ take /téık/ 他自
取る

自分のところへ取り込むこと。「連れていく」という意味は、人の手を取りある場所に連れていくことから来ている。アドバイスを受け入れる(**take one's advice**)も「アドバイスを自分に取り込むこと」と考えられるだろう。

よくあるミス

- エコバッグを持ち歩く
  - × take an eco-bag
  - ○ **carry** a reusable bag

「持ち歩く(携帯する)」と言いたいときはcarryを使うこと。

- 傘を持っていきなさい。
  - △ Take your umbrella.
  - ○ **Take** an umbrella **with you**.

take one's umbrella は「どこへ～」(to ~)と傘自体を持っていく先がある時に使われる。

頻出

- AIが人の仕事を奪うかもしれない。
  AI may **take**(**take away**) human jobs.

takeの代わりにsteal(盗む)とすると違和感がある。

- 簡単な例を挙げると、～
  To **take** a simple example, ~

- ～するのに多大な時間がかかる
  It **takes** a lot of time to V ~

時間の他に努力、お金などと相性が良い。

- ～を考慮に入れる
  take ~ into account

take no account of ~「～を考慮(眼中)に入れない」、「～を無視する」。

7

■ bring / bríŋ / 他
持ってくる（連れてくる）

「話題に上っているところ、もしくは視点のあるところへ何かを持ってくる」という意味をしっかり把握しておこう。ものだけでなく人にも用いることができる。また、ものをある状態へと移すことから「もたらす」にもなる。

よくあるミス

・（人）を育てる
　{ × grow up sb
　{ ○ **bring up** sb
bring upは人に対してしか使わない。

頻出

・〜に平和をもたらす
　bring peace to 〜
混沌（chaos）戦争（war）などとも相性が良い。

・（人/もの）に〜を持ってくる
　bring sb/sth 〜
　bring 〜 to sb/sth

＊take は単にある場所から別の場所に「持っていくこと」を指す。そのため「持っていく」という日本語になる場合でも、相手の視点を重視していた場合には bring が使われることもある。例えば、友達に「君の家に本を持っていく」と言いたいときに、友達の視点からすると「持ってくる」のため、bring が使われることがあるということだ。また、fetch は「行って持ってくる」という意味で、bring とは異なり始点と終点が同じである。

8

■ feel / fíːl / 他自
感じる

心で感じる場合と触れて実際に感じる場合とがあるが、ライティングにおいては心で感じることを表現する。心で感じる場合は、ある感情を感じることや何かが起きていると感じること、「彼は〜だと感じる」のように意見を持つことを指す。

頻出

・〜に罪悪感を感じる
　feel guilty about 〜

・（人）が〜している/するのを感じる
　feel sb Ving/**V** 〜
この意味でのfeelが進行形にはならないことはかなり注意すべきポイント。

・Sが〜だと感じる
　feel that SV 〜
意見を持つときに用いられ「〜だと思う」とも訳せるが、あくまで感情からの判断であり、事実から判断しているわけではない。How do you feel about 〜?（〜についてどう思いますか）のfeelはこれに当てはまる。

＊実はかなり難しい単語であると思われる。というのも、日本語では「自然を感じる」など英語にはない「感じる」があるためだ。

■ say / séɪ / 他自
言う

他動詞としての say は、発言のみに留まらず「情報を伝える」ということを表す。つまり、動詞そのものよりも伝える内容に重点があるのだ。そのため、基本は「言う」という訳になるものの、それ以外にも「(文字で)示す」という意味になることもある。

頻出

- (一般的に)Sが~と言われている
  It is said that SV ~
  People/They say that SV ~ と同義。

- ~という記事
  an article **saying** that SV ~
  an article that **says** ~
  記事やニュース、手紙、掲示物などには同格の that を用いることができない。そのためこのかたちにすること。

* Needless to say(いうまでもなく)、It goes without saying that SV ~(Sが~であることはいうまでもない)という表現があるが、普通はいうまでもないならいう必要はないためネイティブの文章ではあまり見かけない。特に後者については使用頻度が非常に低い。もちろん使っても構わないが、書く必要性が本当にあるのかどうか考えること。なお It is needless to say というかたちは間違い。

* 実は an article saying ~ などの表現は「記事は話さない」という考えから好まない人もいする。代わりに、**The author says that** ~ という表現が挙げられる。

■ study / stʌ́di / 自他
勉強する 研究する 調査する

ある科目を「勉強する」、または科学的手法で緻密に「研究する」「調査する」という意味になる。「勉強する」という意味で用いるにあたって最も重要な点は、study は learn よりも「勉強している過程」に意識が向いているということだ。「知識を得た」という結果よりも「知識を得るための過程」が重要なのだ。また、learn よりも自発性が重視されるという面もある。

例

- ~になるために/に備えて勉強する
  study to be/for ~
  study for a exam(試験に備えて勉強する)、study to be a teacher(先生になるために勉強する)などの表現となる。

- 留学する
  study abroad
  「(場所)で留学する」といいたいときは study in somewhere。

- どのようにSが~するか研究する
  study how SV ~

11

■ learn / lə́ːn / 他自
学ぶ

「学ぶ」という日本語になるが、学ぶ過程よりも学んで知識や技術を身につけることに重点が置かれる。

よくあるミス

- 私はめったに歴史を学ばない。

  { × I rarely learn history.
  { ○ I rarely **study** history.

  説明にある通り、learn は知識を身につけた結果が重要なときに使う。そのため、「めったに」のように頻度を示す場合や過程が強調される場合は study を使う。

頻出

- 〜の仕方を学ぶ / 〜することを学ぶ（できるようになる）

  learn to V 〜

  「〜することを学ぶ」という意味では learn to accept it（それを受け入れられるようになる）という表現が頻出。「〜の仕方を学ぶ」という意味では〈learn how to V 〜〉にしても問題ない。

- 〜から学ぶ

  learn from 〜

  人や、経験（experience）失敗（one's mistakes）が頻出。

- 英語について学ぶ

  learn about English

  言語としての英語ではなく「英語」とはどういうものかを学ぶ。

12

■ show / ʃóu / 他自
見せる　示す

「あること、ものを人に見せられるかたちで示す」というのが原義。そこから「（ものや感情など様々なものを）見せる」、「（事実などを）示す」、「（何かを提示しながら）説明する」、「案内する」という意味になる。

例

- （もの）を（人）に見せる

  show sth to sb
  show sb sth

- 研究が〜であることを示す

  Studies **show** that SV 〜

  evidence（証拠）とも相性が良い。この表現では indicate の方がよりフォーマル。

- （人）を〜に案内する

  show sb to 〜

* show は「展示する」に近い意味になる場合もある。exhibit（展示する）との違いは、show が単にある場所において人に見せられる状態にしておくことをいうのに対し、exhibit は公共の場に展示し誰でも見られる状態にしておくことをいう。

■ tell /tél/ 他自
伝える 見分ける

「伝える（教える）」の意味では誰に伝えるかに重点が置かれる。そのため一部の表現を除いては必ず〈tell ＋ 人〉というかたちにしなくてはならない。〈tell ＋ 人 ＋ もの〉というかたちは「～を教える」という日本語になるときにのみ使用可能。「～のことを教える」と言い換えられる場合には使うことができない。例えば、tell him my name は「彼に名前を教える」であり名前のことを教えるのではない。

よくあるミス

• 頑固だといわれる。
 - △ I am said to be stubborn.
 - ○ I am **told** that I am stubborn.

 say を使うと周囲からの評判として頑固だといわれているニュアンス。そうではなく、直接人から頑固だといわれると伝えたいときには tell を使う。

• 彼があのレストランを教えてくれた。
 - × He told me the restaurant.
 - ○ He **told** me about the restaurant.

 説明にある通り。前者では「レストラン」という言葉を教えたということになってしまう。about をつけない主なものは a lie（嘘）a secret（秘密）the truth（真実）a joke（冗談）など。なお、tell a lie/the truth/a joke などは「誰に」を書かなくても良い表現。

頻出

• 彼が嘘をついていることが分かる。
 I can **tell** that he is lying.

 「（何らかの兆候によって）分かる」の意味では can/cannot をつけることがほとんど。自動詞として使うこともできる。

• （A によって）～の違いを見分ける
 tell the difference between ~ (from A)

• 彼にその仕事をするように言う
 tell him to do the task

 not to V ~, that SV ~, how なども用いられるが、どの場合も必ず「やらなくてはならないと伝える」という意味になる。そのため that SV の節では have to がよく用いられる。

「（人）に～しないように言う」

特定のコロケーション、主に tell sb not to do~「（人）に～しないように言う」以外では、「～しないように」は not to do~ ではなく、in order not to do~ を用いよう。

14

■ teach /tíːtʃ/ 他自
教える

　「伝える」ではなく「教授する」の意味での「教える」。教えるものは科目、技術、方法など様々。「(どのように行動すべきかを)教える」という意味や、状況(事実)や経験(出来事)を主語にとり「〜によって分かる」という意味にもなる。ただし後者の意味では「人生において大事なことが分かる」というニュアンスになるので気軽に用いるのは避けた方が良い。

よくあるミス

- 見知らぬ人に道を教える
  - × teach a stranger the way
  - ○ **tell** a stranger the way/route

  方法を教える場合にはteachも用いられる。

頻出

- 生徒に数学を教える
  teach students math
  teach math **to** students
  「〜について教える」は〈teach + 人 + about 〜〉というかたちにすること。

- 若者に人との交流の仕方を教える
  teach the young (how) to interact with others

- 人を尊敬することを教わる
  be taught to respect others

- その経験によりお金がすべてだと分かった。
  The experience has **taught** me that money is everything.

15

■ understand
/ʌndɚstǽnd/ 自他
理解する、分かる

　「理解する」という日本語になるが、「理解する」という動作よりも、あることに対する知識を得た結果「理解している状態である」ことを示すことが多い。

頻出

- 言っていることを理解させる
  make oneself **understood**
  主に他国語で伝えるときに用いる表現なので、in English(英語で)などを伴うことが多い。

- (人)が〜するのも頷ける
  can understand sb Ving 〜

- 〜についての理解を深める
  understand more about 〜

- 彼の言うことが理解できない。
  I cannot **understand** him.

■ appreciate / əpríːʃièɪt / 他
分かる 感謝する

appreciateはことの重要性、重大さを理解できること、ものの良さを理解できること、ものごとを的確に理解できることを表す。また、フォーマルな使い方で「感謝する」という意味にもなる。この場合、目的語に人はとれない。感謝の対象となる行為を目的語にすること。

よくあるミス

- その歌の歌詞を理解する
  - × understand the lyrics of the song
  - ○ **appreciate** the lyrics of the song

understandでは単に「意味が分かる」という意味にしかならない。歌詞の妙を理解するというのであればappreciateの方が適している。

- あなたに感謝します。
  - × I appreciate you.
  - ○ I **appreciate** your help/concern/etc…

人ではなく行為を目的語に取る。例として挙げたhelp, concernは、それぞれは「助け」、「お気遣い」くらいの訳。

例

- 芸術が分かる（を鑑賞する）
  appreciate art

- ～の価値が分かる
  appreciate the value of ～

  that SV ~ what, why, howも続けられる。

- 彼の能力を高く評価する
  appreciate his abilities

■ seem / síːm / 自
と見える と思われる

主に、主観的な判断による「～であるように見える（思われる）」「～なようだ」を意味する。進行形では用いない。

よくあるミス

- 彼はそれをするようだ。
  - × It seems for him to do it.
  - ○ It **seems that** he will do it.
  - ○ He **seems to** do it.

- 彼は教授のようだ。
  - × He seems a professor.
  - ○ He **seems to** be a professor.

「形容詞＋名詞」のかたち以外ではseemに直接名詞は繋げられない。

頻出

- それは小さな変化に思われる。
  It **seems** a small change.

  seemの後ろには形容詞、「形容詞＋名詞」、like, as if SV ～が続く。

- (人)にはSが～であるように思われるらしい。
  It **seems to sb that SV** ～.

  seemは主観的な判断であるため、誰の主観なのかを明確にする場合がある。

- ～があるようだ。
  There **seems to be** ～.

＊ seem と seem to be との違いを示しておこう。seem は主に主観的判断、seem to be は客観的にそう思われているだろうことや客観的な事実を示す。

18

■ sleep / slíːp / 自他
眠る

「眠る」で問題ないが、主に布団に入って睡眠をとることをいう。「寝る」という動作ではない。

よくあるミス

- 居眠りする
  - × sleep for a short time
  - ○ **take a nap**

  take a nap は「（意図的に）少し眠る」くらいの意味。「（効率を上げるために）仮眠をとる」といいたいときには **take a power nap** という表現も使われる。「（座って無意識のうちに）居眠りする」といいたいときに doze off/nod off が使われることがあるが、doze off は口語であり、ライティングには適していないこと、nod off は「首を上下されながらうとうとする」という意味合いになることを把握しておこう。

- 夜遅くに寝た
  - × slept late
  - ○ **went to sleep** /bed late at night

  sleep late のみだと「朝の遅くまで眠ること」を指す。

頻出

- 眠っている
  be sleeping
  be asleep

  「よく眠っている」といいたい場合は be fast asleep。

- あまり眠れない/熟睡する
  sleep badly/deeply

  「ほとんど眠れない」というときは barely が用いられる。

＊ oversleep は「寝坊する」であり、「たくさん寝る」、「寝すぎる（sleep too much）」の意味ではない。

19

■ care / kéɚ / 自
気にする

動詞では日本語でいう「ケアする」の意味は持たない。それよりも「気にする」として覚えておく。

頻出

- （病人など）～の世話をする、面倒を見る
  care for ~

- ～を気に掛ける/～を気にする
  care about ~

  前者は「大事な人を気に掛ける」というような場面によく用いる。後者は「何があろうと気にならない」のような否定形での表現が頻出。

＊「～の世話をする」の意味では、care for ~ より take care of ~ の方が一般的。また、動詞の care は「気に掛ける」ことが原義であり微妙なニュアンスの違いがあるため、やはり take care of ~ の方が好ましい。

■ matter / mǽtər / 自Ⓤ Ⓒ
重要である、問題

　動詞では「重要である」という意味を示す。日本語で「問題である」というときにも使われるが、これもあくまで「重要である」の延長である。名詞の意味はひとくちに「問題」と訳されがちだが、「勘案したり、対処すべき事項、状況」を示す。

よくあるミス

• 好みの問題だ

　{ × be a problem of preference
　{ ○ be a **matter** of preference

「どちらを選ぶかは好みの問題だ」という文での「問題」は、解決すべき問題ではなく自分の好みと照らし合わせて考える事項のこと。そのためmatterを使う。

頻出

• 問題でない

　it does not matter

if, that SV ~, 5W1H, about などが続く。

• （人）にとって重要だ

　matter to sb

• Sが～するのは時間の問題だ。

　It is only a **matter** of time before SV ~.

• さらに悪いことに、

　To make matters worse,

あるものによってさらに状況が悪くなることを表す。

■ cause / kɔ́ːz / 他
引き起こす　原因となる

　「悪い結果を引き起こすこと、またその原因となること」をいう。だが、実際には悪い結果を引き起こす場合以外でも用いられることがある。

頻出

• 問題を引き起こす

　cause a problem

trouble（面倒）、damage（被害）などマイナス方向の名詞との相性が良い。「～に」といいたいときはfor ~。

• 混乱を招く

　cause confusion

embarrassment（恥）など感情的にマイナスなものを引き起こす場合にも使われる。

• （人）に～させる

　cause sb to V ~

無生物が主語になることが多い。

＊類義表現の bring about は「引き起こす」という意味の表現であり、ニュートラル。change との相性が良い。

　e.g.）地球温暖化を引き起こす
　　　　bring about the global warming
　　　　好ましい変化を引き起こす
　　　　bring about positive change

22

■ spend / spénd / 他自
費やす

　「金、時間、労力を使うこと」を表す。「時間、労力を使う」といいたいときに spend を使うのであれば、「どのように、誰と、どこで、いつ」などを伴わなくてはならない。ただし、「500円使う」のようにお金が続く場合にはその限りではない。

よくあるミス

- 良い日を過ごす
  - △ spend a good day
  - ○ **have** a good day

  spend a good day ではどのように良い日を過ごすのかが不明なため試験で間違いとされることもある。

頻出

- (もの)を～に費やす

  spend sth on ~

  単純にいくらお金を使うか言いたい場合は〈spend+金額〉。

  e.g.) たくさんの時間を野外での活動に費やす。
  spend a lot of time on outdoor activities.

- ～することに(もの)を費やす

  spend sth Ving ~

  e.g.) 人は人生の多くの割合を眠ることに費やしている。
  People spend a large percentage of their life sleeping.

23

■ conduct / kəndʌ́kt / 他自
行う 案内する 伝導する

　「行う」という意味が重要。これは主に、調査など情報を得るためや、あることを証明するために行うことを指す。「電気、熱などを伝導する」、「人を案内する」という意味、自動詞で演奏の「指揮をする」という意味にもなる。「行う」という意味の時には、do(する)に比べて、フォーマルな語となる。

頻出

- インタビューを行う

  conduct an interview

  research(p.70)や、experiment(p.75)と相性が良い語。

- ガイドツアー

  conducted tours

  conductを「案内する」の意味で用いるときは、〈conduct＋人＋to ~〉のかたちで「誰をどこにか」をはっきり示すこと。

- 熱を伝導する

  conduct heat

＊「案内する」というとき、conductでは形式ばった印象になるので、日常的にはshow(p.15)が用いられることの方が多い。

■ find / fáɪnd / 他自
見つける 気づく

主に、探していたため、もしくは偶然に「見かける、発見する」の意味。しかし、ライティングにおいて有用性が高いのは他の意味だ。その意味を、実際の表現を見ながら掴んでいこう。

頻出

- 自分が～している／されていることに気づく
  find oneself Ving/having done ～
  その状態になることを予期、意図していなかったことを表す表現。

- ～することを難しいと感じる (思う)
  find it difficult to V ～
  他に、**easy**(簡単)、**interesting**(面白い)など様々なものに替えられる。

- (調査などの結果)発見する
  find out
  ある情報を得ることなので、「ものや人を見つける」というときには用いられない。

■ discover / dɪskʌ́vɚ / 他
見つける 分かる

偶然、または追い求めた結果、「隠されていたもの、今まで見つかっていなかったものを発見する」という意味。なので、「未知のものを発見する」という意味で用いられることが多い。知らなかったことが「新しく分かる」「知る」の意味でも用いられる。

よくあるミス

- 鍵を見つける
  - × **discover** the key
  - ○ **find** the key
  鍵は未知のものではない。

頻出

- Sが～ということが分かる
  discover that SV ～
  5W1Hも続く。

- 火星を発見した
  discovered Mars

- 隠れた才能を発見する
  discover hidden talents

26

■ publish / pʌ́blɪʃ / 自他
出版する

　「出版する」「発行する」。注意点はあまりないが、受動態で用いると「(情報が公式に読めるかたちで)発表される」という意味になる。紙媒体でなくとも、例えばネットで公開されたとしても読むというかたちをとれるなら publish が使われる。なお「本を出す」と言いたいときはわざわざ publish a book といわなくても、自動詞の publish のみで十分に伝わる。

重要

- 電子書籍を出版する

  publish an e-book

  publish は本来「(紙で)発行する」の意味だったが、時代の流れと共に e-book でも用いられるようになった。

- そのニュースが公表される。

  The news **is published**.

27

■ continue / kəntínjuː / 自他
続ける　続く

　あることを止まることなく続けること、またあることが止まることなく続くこと。いったん中断したあとに再び始まる、始めることもいう。

よくあるミス

- 伝統を引き継ぐ

  { × take over the tradition
  { ○ **continue** the tradition

  take over は「(職務、事業などを)引き継ぐ」の意味。

頻出

- ～にわたって続いている

  continue for ~

  for の後ろには時間や距離などが続く。

  e.g.) 2年にわたって続いている continue for two years

- (仕事など)～を続ける

  continue with ~

  continue with one's work など。今やっていることを続けるの意味。

*類似表現との違いをまとめる。

  go on 自 他 …「続ける」という意味では continue と違いがない。「続く」という意味では、続いてきた、もしくは続いていく時間の長さが意識される。**go on to V** ~(続けて～する)の場合はある動作を終えて次の動作へという意味合いになる。

  last 自 …「続く」という意味。具体的な時間を一緒に示すことが多い。

■ persuade / pəↄswéɪd / 他
説得する

覚える意味としては「説得する」で問題ない。しかし実は、説得した結果、何かをさせることに成功することまでを示す。そのため「説得したが無駄だった」という場合、persuadeだけでは表すことができない。

よくあるミス

- (人)に~するよう説得しているところだ
  - × be persuading sb to V ~
  - ○ **be trying to persuade sb to V ~**

  persuadeは「説得に成功する」という意味なので、「説得中だ」を英語にするとtryを使う方が適している。

頻出

- (人)を~するよう説得できなかった
  failed to **persuade** sb to V /into Ving ~
  説得したが何かをさせることに失敗したことを示す。

- ~をやめるよう(人)を説得する
  persuade sb out of /Ving ~

■ decide / dɪsáɪd / 自他
決める　判決を下す

議論や思考を経て意思決定を行うことを表す。「結果を決める」、「決着をつける」、「判決を下す」、という意味にも用いられる。

よくあるミス

- ~を決める、決心する
  - × decide ~
  - ○ **decide on ~**

  この意味では後ろに名詞を直接続けない。よく見られるミス。

- ~することを決める
  - × decide Ving ~
  - ○ **decide to V ~**

頻出

- ~しないように決める
  decide against Ving ~
  なお「~の方に決める」の場合はin favor of~が用いられる。

- 試合を決する
  decide the match
  「決着をつける」の意味。

- (人)に~する決心をさせる
  decide sb to V ~
  人ではなく、ものごとを主語にすること。

* make a decisionが類義表現と言われることがあるが、実際はニュアンスの違いがあるため安易にいい換えには使わないこと。make a decisionは重要な意思決定をする場合に使われることが多い。

30

■ **enjoy** /ɪndʒɔ́ɪ/ 他
楽しむ

enjoyは他動詞である。そのため必ず目的語を伴うことを忘れないように。

よくあるミス

• 楽しんだ
{ × I enjoyed.
{ ○ I **enjoyed myself**.
単に「楽しかった」といいたいときは必ずoneselfを伴う。

頻出

• ～することを楽しむ
enjoy Ving ~

＊動詞のenjoyは、上記の他は特に注意点なく用いることができる。ただし、形容詞のenjoyable（楽しい）はもの、ことにしか使えないことに注意。「（人）が楽しんでいる」というときにはSb is enjoyable.とはいえない。

＊「楽しい」という意味ではないenjoyを見たことがあるかもしれない。珍しい用法だが、「（ある能力や利点を）持つ」という意味になっている可能性がある。

31

■ **entertain**/èntərtéɪn/ 自他
楽しませる　もてなす

「楽しませる」だけ覚えておくのはもったいない。（食事などで）家に招いた人を「もてなす」、食事のできる場所などで「接待する」の意味にもなることを知っておくと、意見を述べるときに便利だろう。

重要

• 歌でもてなす
entertain with songs
この場合の「もてなす」は「楽しませる」に近い。entertainは英語では「楽しませる」の意味であっても「もてなす」という訳語なることがあるということだ。

• 料理でもてなす
entertain with a dish
dishは皿に盛った料理。

■ welcome /wélkəm/ 他
もてなす

喜んで受け入れること。人に用いるときは「歓迎する」「もてなす」となる。また、新しい考えなどのものごとを「喜んで受け入れる」という使い方もされる。「おもてなし」と聞いて思い浮かべる「もてなす」はwelcomeと合致する場合が多い。

よくあるミス

• もてなす
  - × treat sb kindly
  - ○ **welcome** sb

treat kindly は「人を優しく扱う」という意味。

頻出

• ～を暖かくもてなす
  welcome ~ warmly

• (新しい考えや提案など)～を喜んで受け入れる
  welcome ~ with open arms

＊「おもてなし」を英語で言いたいときには omotenasi, which means ~ などとは書かずに **hospitality** を使う。

■ visit /vízɪt/ 自他
訪ねる

訪ねて、そこで時間を過ごすこと。行き先は人の場合も場所の場合もある。人に使う場合、単に「訪れる」だけでなく、「お見舞いする」の意味にもなる。

よくあるミス

• そこを訪れる
  - △ visit there
  - ○ **visit** it/them または go there

ネイティブによって、there が「都市」ならば使用可能という人もいれば、there は副詞であるために間違いだとする人もいる。

頻出

• 訪れてくる
  come to visit

come to visit Japan で「来日する」となるが、単純に come to Japan を使った方が良い。

• 叔母をお見舞いする
  visit one's aunt

• 墓参りをする
  visit a grave

• 工場を視察する
  visit a factory

＊よく website とも併せて使われる。ここで一つ注意しておきたいのだが。「彼を訪ねたが、いなかった。」にvisitを使うと間違いとされる可能性がある。なぜならvisitは行って時間を過ごすことだからだ。「訪ねたがいなかった」の場合には go to ~、もしくは try to visit を使うと違和感の少ない文章を書ける。

34

■ agree / əgríː / 自他
同意する

よく使われるのは「同意する」だが他にも意味がある。「同意する」の表現は〈agree with ＋人・もの＋about ~〉「~について人/ことに同意する」、〈agree that SV ~〉「Sが~することに同意する」が頻出。

頻出

• ~を/~することを認める
agree to/to V ~
何かすることを是とするという意味。提案（a proposal）や計画（a plan）との相性が良い。

• （ある情報とある情報が）~と一致する
agree with ~
数字や数量が何かの資料と一致する場合や、知っている事実といわれたことが一致する場合にも使われる。
e.g.) この事実はその研究結果に合致する。
　　　This fact agrees with the study.

• ~について合意に達する
agree on ~
「合意に達する」の意味でもthat SV ~、to V ~を続けられる。

＊ agree to には便宜上「認める」という訳を当てているが、「承認」が持つような立場の上下のニュアンスはない。そのため「同意する」という訳となることもある。

35

■ argue / ɑ́ɚgjuː / 自他
口論する　主張する

「口論する」、「（お互いが相手の意見に納得できないために）討論する」という意味が英文中ではよく使われる。これらは〈argue about ~ with ＋人〉「（人）と~について口論する」というかたちで使われることが多い。「（明確な理由があって）主張する」という意味の様々な表現をしっかり抑えておこう。

頻出

• Sが~であると主張する。
It could be argued that SV ~.

• Sが~であるといわれるだろう。
It could be argued that SV ~.
一般論を述べるときに使われる。

• ~に賛成/反対の主張をする
argue for/against ~

• （人）を説得して~させる/させない
argue sb into/out of Ving ~
意味はpersuade（p.24）とほとんど同じ。また、文法上の注意点も同じである。

＊「口論する」、「言い争いをする」の意味でのargueについて補足をしておく。
argueを「主張する」以外の意味で用いる場合、怒りでヒートアップしているニュアンスを伴うことが多い。そのため、「議論する」という訳語が少々そぐわないことがある。「理性的に議論する」と言いたいときはdiscussの方が適している場合がほとんどだ。

■ treat / tríːt / 他自
扱う みなす 治療する

人、動物に「接する」、ものを「扱う」の意味が最も大事。また、ある方法でものを「対処する」「考える」の意味も持つ。これらをよく使われる訳語にすると「待遇する」、「扱う」、「みなす」などになる。注意したいのはtreatは「どのように」という点に重点が置かれることだ。よって副詞（句）やas/with ~を伴い、「どのように」を示す必要がある。

よくあるミス

- その問題を扱うのは難しい。
  - × It is difficult to treat the problem.
  - ○ It is difficult to **deal with** the problem.

  具体的にどのように扱うかを述べていないため、treatは使えない。deal with ~ は「~を対処する」という意味になる。

頻出

- （人）に敬意を持って接する
  treat sb with respect

- 良い/悪い/平等な扱いをする
  treat well/badly/equally

- AをBとみなす/AをBとして扱う
  treat A as B

- 薬を使って病気/患者を治す
  treat disease/a patient with medicine

■ realize / ríːəlàɪz / 他
悟る 気づく 実現する

「気づき始めること、今まで分からなかったことを理解し始めること」をいう。単に「知っている」、「理解する」という意味になることもある。「頭で考えて気づく」というニュアンスとなり、進行形にならない。

頻出

- それの重要性が分かる
  realize how important it is

- お金は道具にすぎないと気づく
  realize that money is just a tool
  that SV ~, 5W1H は頻出。

- 夢をかなえる
  realize a dream
  これはフォーマルな表現だ。口語ではmake a dream come trueという表現が用いられることがある。

38

■ die / dáɪ / 🔲
死ぬ

前置詞の選別に細心の注意を払うこと。よく使う用法では「(病気、怪我、貧困などで)死ぬ」で用いる **die of/from** があるが、die of は直接的な原因、die from は間接的な原因に対して使うとされる。つまり of は病気、怪我などの死因に、from は貧困やその他、死ぬきっかけとなること(行動、持病など)に用いられる。なお、病気の場合は of が多いものの、ほとんど区別がないことも知っておこう。

よくあるミス

- 交通事故で死ぬ
  - × die by a traffic accident
  - ○ **die in** a traffic accident

  die in は地震、事故など身体の範囲を超えた大きな出来事が死因であるときに使われる。この場合、of/from は用いることができない。

頻出

- 若くして死ぬ
  die young

- 孤独死/即死する
  die alone/instantly
  「孤独死」は **solitary death** と表されるが、あまり使われない。

- 消える、消滅する、絶滅する
  die out

- 過労死する
  die from overworking/exhaustion
  death from overwork(過労死)もセットで覚えよう。

＊ die では直接的すぎる場合、**pass away** という婉曲表現を使うこともある。

■ break / brέɪk / 自他
壊す（崩す） 壊れる

　「元のかたちから崩す、ずっと続いていた状態が崩れる」という原義が重要。例えば、「雨が急に降り冷えてくる」という文にbreakが使われることがあるが、これは「ずっと雨の降っていない状態が続いていたが、急に天気が崩れて雨が降ってくる」というイメージから来る。

よくあるミス

・（芸能人などが）ブレイクする
- × break
- ○ **break through**

　break throughは直接目的語を続けて「〜を突破する」、もしくは自動詞的に用いて「（困難な状況の中で）成功する」という意味を持つ。

頻出

・約束／記録／規則を破る
break one's promise/a record/a rule

・悪い癖（習慣）をやめる
break a bad habit

・3個に／小さく壊す
break into three/small pieces

・（何かを奪うため）無理やり立ち入る
break in

　犯罪目的でない立ち入りの場合はgo in やenterを使う。誰かの話に無理やり割って入る場合、〈break in on ＋ 人〉となる。

・〜（戦争などの悪いこと）が突然起こる
~ break out

・解散する、別れる
break up

■ solve / sálv / 他
解く 解決する

　ベストな選択で解決する場合に用いられる。明確な答えがある問題に対して正しい答えを導き出すこと、つまり「解く」という意味と、「解決する」という意味を持つ。

例

・問を解く、問題を解決する
solve a problem

・パズルを解く
solve a puzzle

・事件の真相を突きとめる
solve a case

　事件には、「誰が犯人か」という明確な答えが存在する。

＊類義語であるresolveとの区別は難しい。まず、solveで対応できることがほとんどであるということを知っておこう。その上で違いを区別しておくと、resolveはいわば妥協点を見つけるような問題に対して使われる。だから、例えば「パズルを解く」にresolveは使えない。resolveはむしろ紛争や対立などと共に用いられることが多いのだ。ただし、紛争などにsolveが使われることがあるが、これには「ベストな解決だ」という政治的なメッセージが込められている場合がある。

41

■ accept /æksépt/ 他自
受け入れる

　人、贈りもの、頼まれごと、受け入れがた
いこと、厚意など、受け入れる対象は様々
だ。

頻出

- Sが～ということを（しぶしぶ）認める
  accept (the fact) that SV ~

- （人）を～の一員として受け入れる
  accept sb as one of ~

- 仕事 / 難題を引き受ける
  accept a job/a challenge

- 申し出を受け入れる
  accept a offer

* accept responsibility for ~の説明をし
　ておこう。この表現は「～に対する責任
　がある、をとる」と訳されがちだが、正し
　くは「～に対して責任があることを認め
　る」である。「～に対する責任がある」は
　be responsible for~「～に対する責
　任を取る」は**take responsibility for~**
　と表す。

42

■ describe /dɪskráɪb/ 他
言葉にする　（＋もの to 人 で）説明する

　あるものがどういうものであるのかを、
口に出したり紙に書いたりして伝えること。
「（あるものの特徴を）表す」という訳語に
なる場合もある。文字、言葉による描写が
多いが、絵による描写に使うこともできる。

頻出

- 感情を言葉（文字）にする
  describe how sb feels
  5W1Hが続く場合、「文字にする」であることが
  多い。

- （言葉や文字にして）AをBであると評す（表す）
  describe A as B

- 犯人の特徴を述べる
  describe the suspect
  犯人がどういった人であったのか言葉にすると
  いうこと。

43

■ recognize / rékəgnàɪz / 他
知っている 受け入れる

　「知っている」と「受け入れる」が日本語訳の柱になる。「知っている」の意味では、「以前にも同じようなことがあり、その経験から知識を身につけているためにその人が誰なのか、そのものが何なのか分かる」というニュアンス。「受け入れる」はあることが正しいことを認め受け入れる、もしくは公式に認め受け入れるというニュアンス。

例

• 赤子が文字を認識し始める。
　Infants begin to **recognize** words.

• 帽子をかぶっていて彼だと気づかなかった。
　I did not **recognize** him with a hat on.

• Sが~であることを（正しいと）認める
　recognize that SV ~
　5W1H を続けることもできる。

44

■ prevent / prɪvént / 他
妨げる 防ぐ 予防する

　「妨げる」で問題ないが、禁止のニュアンスではなく「させない」「起こらせない」といった意味合い。つまり、stop に近い語と考えると良い。自然な訳語としては「防ぐ」、「妨げる」、「予防する」となる。

頻出

• ~はAがBすることを妨げる
　Aが~のせいでBできない
　~はAがBすることを予防する
　~ prevent A from doing B
　受動態では be prevented from ~ となる。

• 風邪を予防する
　prevent a cold

• 犯罪を/地球温暖化を防ぐ
　prevent crime/global warming

45

■ **wait** / wéɪt / 自他
待つ

waitは自動詞であるため、そのまま目的語はとれない。基本的には単純に「待つ」という意味であるため、そこに待っているときの喜び、悲しみが込められることはないが、「心待ちにする」と楽しみに待っている状態を表すこともある。

よくあるミス

- 彼が来るのを待っている。
  - × I am waiting him to come.
  - ○ I am **waiting for** him to come.

頻出

- ～するのを長い間/2時間待つ
  wait a long time/two hours to V ～
  英和辞書に載っているwait long to V ～という表現ではあまり使われない。「～するのを長い間待つ」はwait long before Ving ～とすることもある。

- 期待して/辛抱強く待つ
  wait expectantly/patiently

- （人）を待たせる
  keep sb waiting

＊「機会／順番を待つ」といいたい時には、例外的に他動詞となり wait one's chance/turn を使うことがある。ただし、この用例以外でforを伴わないことは非常にまれ。

46

■ **approve** / əprúːv / 自他
承認する　受け入れる　認める

「あるものを良いものとして考える、正式に認可する、受け入れる」といった意味。そこから「承認する」、「認める」という訳に繋がる。approve ofとセットで覚えている人は多いかもしれないが、approve単体でも用いられる。

比較

- ～を良いものと考える、承認する、認可する
  approve of ～
  やや主観的な承認。「賛成する」、「結婚を認める」などはこちらに入る。

- ～を承認する、認可する
  approve ～
  「正式に承認する」、「認可する」の意味。案の認可はこちらに入る。

＊投票などで「法律や案が承認される」という場合はpassを用いる。

■ mean /míːn/ 他
意味する　つもりである

　「ある意味を表すこと」である。後ろには節が続くことが多いが、そのまま目的語を続けることもできる。「意図する」という意味もあり、これは訳語では「するつもりである（つもりで言う）」となることが多い。

頻出

- Sが〜であることを意味する
  Sが〜であることを意図する（意図して言う）
  mean (that) SV 〜

- 〜することを意味する/〜するつもりである
  mean Ving 〜/mean to V 〜
  後者を受け身にすると「〜することが予定される（意図される）」となる。
  e.g.) この食品は人間に食べられることを予定されていない＝人間向けでない。
  This food is not meant to be eaten by humans.

■ serve /sə́ːv/ 他自
（食事を）出す　仕える

　「（家、レストランなどで）食べ物を出すこと、給仕すること」を指してよく用いられる。これについては〈serve 〜 to + 人〉「（人）に〜を出す」という表現を使うことが多い。ただしそれよりも、長期間人や組織に貢献することを指して人が「仕える」「尽くす」、ものが「役に立つ」という意味がライティング試験では頻出。

例

- 国に尽くす
  serve one's country
  必ずしも「尽くす」わけではなく、多くは「貢献する」程度の認識。serve on 〜 は「（組織に）一員として仕える」というイメージ。

- 〜として勤める（仕える）、〜として役に立つ
  serve as 〜
  後者は、例えば「この技術は役に立つ」といいたい場合には This technology serves. とすることができる。

- 学校は、生徒のコミュニケーション能力を発達させる場所としての役割を果たすべきである。
  Schools should **serve** as a place to improve students' communication skills.

* 〈it serves + 人 + right〉という表現があるが、これは口語的な表現であり、意味も「ざまあみろ」となるので使わない。

49

■ limit / límɪt / 他
limited / límɪtɪd / 形
限定する、限られた

　数的、量的な面で抑えること。また、「行動の制限」にも使われる。形容詞の意味も重要で数や量、力などが制限されている、限られていることをいう。

頻出

- CO₂の量を抑える
limit the amount of CO_2

- (もの)を～に限定する(抑える)
limit sth to ~
金額を抑える場合にも用いられる。

- 限られた資源を大切にする
conserve **limited** resources
limited number/amount(限られた数/量)などもよく使われる。have に続くと「わずかな～しかない」という日本語になる。

- (もの)が～の範囲内に限られている
Sth be limited to ~

50

■ run / rʌ́n / 他自
走る 運営する

　「走る」だけ覚えておくのはもったいない。その他の意味も知っておくこと。特に「(組織、事業、国などを)運営する」の意味が重要だ。

よくあるミス

- たくさんの車が走っている。
　× Many cars are running.
　○ Many cars **are going(by)**/
　　passing.
行き交っているニュアンスになるのはgo byやpass。run を「(もの)が走る」の意味で使いたい場合、電車、バスなどの運行の時間が定められているものにのみ可能。

頻出

- ～の危険を冒す
run the risk of ~

- 国を治める
run a country
「治める」としているが、「組織、団体をまとめ成りたたせていく」という意味。そのため同じ表現は店、会社などの運営にも使える。

＊以上の意味が特に重要だが、**run for ~**「～に出馬する(立候補する)」も覚えておくと良い。「対抗して」であれば**run against**だ。

■ ask /ǽsk/ 自他
求める 頼む 尋ねる

「尋ねる」よりも「求める」のイメージで覚えること。そこから「頼む」「尋ねる」に派生したと考える。

頻出

- (人)に~を尋ねる
  ask sb ~
  about ~, whether(if), 5W1H などで続けるかたちが頻出。〈ask＋物質でないもの(情報など)〉で「~を求める」となることもある。

- 質問をする
  ask a question

- (人)に~することを頼む
  ask sb to V ~
  that SV ~のかたちも頻出。

- ~を求める
  ask for~
  e.g.) 助けを求める　ask for help
  　　　お金を求める　ask for money

- (様々な場所で、もしくは人に)聞いて回る
  ask around

*〈ask of＋人〉が載っている単語帳もあるが、基本的にあまり用いられない。ask は上述の頻出表現との組み合わせで使われることがほとんど。また「誰に」を明確にすることが多い。

* ask と ask for の区別は難しいかもしれないが、ask for が基本で、情報など物質以外のものでは稀に省略可能。

■ live /lív/ 自他
生きる 住む

「生きる」のイメージを持っておくと他の意味も覚えやすい。「東京に住む」というときに live を使うが、これは「東京で生きている」から派生したと考えると分かりやすいだろう。「生きながらえる」、「(主義などが)残る」も「生きる」のイメージから生まれたものと考えられる。

よくあるミス

- 彼は生きている
  △ He is living.
  ○ He is **alive**.
  「生きる」の意味では進行形にはならない。living という形容詞もあるが alive の方が自然だ。

頻出

- 長生きする
  live longer / a long life
  一般的に「長生き」といいたいときは後者の方がニュアンスが近い。

- ~歳まで生きる
  live to ~
  to V ~とすると「~するまで生きる」「生きて~する」といった意味になる。

- 平和に暮らす
  live in peace

- 思い出が生き続けている。
  A memory **lives** on.
  live in one's memory(思い出の中で生きる)も可。ものよりも主義や考えなどの観念的なものに用いる。

- 怠惰な生活をする
  live an idle life

53

■ develop / drvéləp / 他自
開発する　発展する　発展させる

　他動詞では「成長させる」、「変えていく」、自動詞では「成長する、変わる」というのが基本の意味。特に機能的な側面に対して用いられる。grow との区別は growth / development（p.123）の項を参照。資源、もの、考えなどを「開発する」、感覚や才能、能力、意識などの質を「伸ばす」、議論、考えを「進展させる」という使い方も覚えよう。

よくあるミス

- ～の知識を深める
  - △ deepen one's knowledge of ~
  - ○ **develop** one's knowledge of ~

  deepen は学術的な意味で知識を深め、develop は実用的な意味で知識を深めることを指す。

頻出

- ～との関係を発展させる

  develop a relationship with ~

  例は他動詞だが自動詞の場合は from（～から）や into（～に）を伴うことが多い。

- 自制心を鍛える

  develop self-discipline

- ある理論を開発する

  develop a theory

  land（土地）、technology（技術）、resources（資源）などとも相性が良い。

- 議論を進展させる

  develop one's argument

  考え（idea）とも用いられるが、討論（discussion）とは相性が悪い。

54

■ help / hélp / 他自
助ける　手伝う　役に立つ

　必要な助けを買って出ること。したがって、「助ける」の意味になる。「助ける」「手伝う」の意味では人を目的語にとる。「役に立つ」となることも知っておくとさらに表現の幅が広がる。

よくあるミス

- （人）が～するのを手伝う
  - × help sb Ving ~
  - ○ **help** sb (to) V ~

  sb を除くと「～するのを手伝う」という意味になる。この to V は to を省略しても良い。

- 彼の仕事を手伝う
  - × help his work
  - ○ **help** with his work

  直接仕事を目的語にとらないこと。

例

- ～がすごく役に立つ

  ~ really **help**

  enormously なども用いられるが、汎用性が高いのは really。

* 〈**cannot help but V**（原型）~ / Ving ~〉を「～せざるを得ない」という意味で覚えた人がいるかもしれない。これは、外部の要因によって「仕方なく～しなくてはならない」という意味ではない。気持ちを抑えきれず「自発的に～をやってしまう」という意味である。そのため、「～してしまう」の訳の方が適切。

■ educate / édʒʊkèɪt / 他
教育する

「教育する」という訳になるが、2つの意味に大別できる。まず、学校教育の意味での「教育する」、「学校教育を施す」。この意味では主に受身形で用いられる。2つ目は「知識を与える（教育を施す）」という意味だ。動物に用いられることもあるが、主に人に用いる。

よくあるミス

・子供をしつける

- × educate a child
- ○ discipline a child

しつけることと教育することは別物。なお、disciplineは不可算名詞で「しつけ」、「規律」などの意味にもなる。

頻出

・一般人を啓蒙する（教育する）

educate ordinary people

＊「動物を教育する、しつける」といいたい場合はtrainを使うこと。trainは「訓練する」という意味だが、動物に使われると「教育する」の意味にかなり近づくのだ。train A to V ~（Aを〜するようにしつける）, well-trained ~（よくしつけられた〜）などが頻出。

■ come / kʌm / 自
来る

「来る」対象は人、時、もの（到着）など多岐にわたる。I'm coming.（今行きます）がなぜcomeなのか不思議に思うかもしれないが、この場合では相手から見て相手の思うところに来ている状態を表している。そのため「行く」という日本語でもcomeが使われるのだ。

よくあるミス

・〜するようになる

- × become to V ~
- ○ come to V ~

詳細はbecomeの項（p.201）へ。come to V ~はsee, think, feelなど限られた動詞としか使うことができない。

頻出

・（アイデアなど）を思いつく

come up with ~

think of ~にも同じ意味がある。また、think ~ upは「考えた末に」というニュアンス。

・走ってくる

come running

その他のVingが続くと、「何かしながら来る」という意味になる。

・〜ということ/〜することになれば、

When it comes (down) to ~/to Ving ~,

e.g.）歌うことに関していえば彼女が一番だ。
When it comes to singing, she is the best.

・（夢、計画など）が実現する

~ come true

■ expect / ekspékt / 他
予期する

　「あることが高い確率で起きるだろう」と半ば確信を持って予測することを表す。「(もの・人)がやってくることを予期する」といった意味もあるが、その場合は必ず時や場所による範囲設定が必要だ。また、「期待する」という日本語にもなるが日本語のニュアンスとは若干異なり、「人があることをおそらくするであろう(あることがおそらく起こるだろう)」と半ば確信し期待することを指す。

よくあるミス

- 彼に期待する

  { × expect him
  { ○ **count on** him

  count onはこの場合では「あてにしている」に近い。

頻出

- 〜するつもりだ

  expect to V 〜

  〈**expect** + 人・もの + **to V** 〜〉は「(人・もの)が〜することを期待する(予期する)」の意味。

- (人)が〜するであろうと確信している

  fully **expect** that sb will V 〜

  節の中は未来時制になる。fullyは「完全に」、halfは「半ば」。

- (人)に〜を期待する

  expect 〜 from sb

- 明日は雨が予想される。

  Rain is **expected** tomorrow.

＊ expecting(expectant) mother(妊婦)は電車などで見かける頻出の表現なので知っておく。ただしライティングではpregnant woman(妊娠している女性)が好まれる。ちなみに、「(人)に優先席を譲る」は〈offer one's priority seat to + 人〉。

58

■ remain / rɪméɪn / 圁
残る ままである

　ある状態が保たれること。自動詞である。stay よりフォーマルな語となる。「～のままである」の場合は状態を示すために形容詞などが必要となる。また、あるものが後に残っている、やることが残っているさまを表すこともできる。

例

- 分かれたままである
  remain separate
  unclear（明らかでない）、unchanged（変わっていない）などが頻出のコロケーション。この意味では、as ～ , Ving ~ , done ～ のかたちも続く。

- 法隆寺が残存している。
  Horyuji Temple **remains**.

- ～をやるべきだ、やるべきである～が残っている
  ~ **remain** to be done
  対処すべき事項がいまだ残っていること。

- 変わらないままだ
  remain constant
  remain the same と似た意味を持つ。パーセンテージなどが横ばいであると言いたい場合には level off もしばしば用いられる。

59

■ appear / əpíɚ / 圁
現れる

　「姿が現れる」という意味。そのため、「現れる」、「出演する」、「出廷する」、「（本や新聞などに）載る」「（ものが）世に出る、発売される」の意味になる。「どのように」、また「どこで」などの詳細が必要になる。

よくあるミス

- 星が現れた。
  { × The star appeared.
  { ○ The star **came out**.
  come out は「現れる」というときに一般的に使われる。

頻出

- 夜中に現れる
  appear late at night
  このように範囲設定が必要。なお「夜中に」は at midnight ではなく late at night。at midnight は「0時00分に」の意味。

- どこからともなく現れる
  appear from nowhere

- 映画に出る／出廷する／新聞に載る
  appear in a film/court/newspaper

- 市場に出る
  appear on the market

＊実は、appear はほとんど seem に近い意味でも使われる。その場合は表現も seem とほとんど同じとなる。フォーマルな文章でかなり好まれる語彙。

60
■ maintain /meɪntéɪn/ 他
維持する 良い状態に保つ

ある状態を保っておくこと。主に保つ努力がなされて保たれるさまを指す。「あるものを継続させる」、もしくは「ある状態を保つ」、道路や機械を点検し良い状態を保つという意味では「維持する(持続する、保つ)」という訳語になる。その他「(強く)主張する」という意味ももつ。

よくあるミス
- ～が持続する
  - × ～ maintain
  - ○ ～ **continue**

maintainは他動詞。なお「天気が持続する(保つ)」はThe weather **holds.**

頻出
- 安定した社会を維持する
  maintain a stable society
- 体温を保つ
  maintain one's/a body temperature
- ～と主張する
  maintain that SV ～
  「無罪を主張する」では maintain one's innocence と直接目的語を続けるが、それ以外の目的語が続くことは少ない。
- 道路を整備する
  maintain a road
  「開拓して綺麗に道を敷く」という意味ではなく、清掃や補修によって道の状態を保つこと。

61
■ rise /ráɪz/ 自 C
上がる 上昇する、上昇

「下から上に上がる」というイメージだ。そこから「(数量、価値などが)上がる」、「上昇する」といった意味になる。名詞の意味では可算名詞で「上昇」となる。「数量」、「価値」とも相性が良い。「高さの上昇」なら単数形となる。

頻出
- ～以上になる/～に打ち勝つ
  rise above ～
  後者の意味は、自分に芯があり悪いことに流されない、負けないことをいう。
- ～(良くないもの)を引き起こす
  give rise to ～
- 生産性の上昇
  a **rise** in productivity
  「～の上昇」は前置詞がinである場合がほとんど。ただし「5パーセントの上昇」のように数字が入る場合にはofを使いthe rise of 5%となる。
- 海面上昇
  the **rise** in sea level/the sea level rise
  「高さの上昇」なので単数形。

* increaseに近い意味にもなるが、「温度」にはriseが使われ、「割合」や「金銭」には両方とも使われる。

* riseには「上昇する」から派生して「出世する(成功する)」「興隆する」などの意味がある。同じく、可算名詞では「出世」や「興隆」などの意味を持つ。rise of ～とすれば「～の興隆(出世)」となる。
  e.g.) インターネットの興隆
  the rise of the internet

62

■ **raise** / réɪz / 他
上げる

ものに力を加えて上げること。「(体の一部やものを今より高く)持ち上げる」の意味から派生して、「(考えたい話題や問題などを)挙げる」「(ある感情を)催させる」「増やす」などの意味になる。

頻出

- 手を上げる
  raise one's hand
  手を持ち上げるイメージ。

- 値段を上げる
  raise a price

- 疑問を提起する/話題を挙げる
  raise a question/a subject
  会話の中での話題ではなく、考える事項としての話題や主題。

- 恐怖を呼ぶ、懸念を生む
  raise fear(s)

＊「上げる」、「増やす」の意味は数量、レベルなどに用いられるが、特に値段、税金などお金が関わるものとの相性が良い。

63

■ **consider** / kənsídər / 自他
熟考する　思いやる

「選択する上で注意深く考えること」。そこから「熟考する」、「(選択する上で)考慮に入れる」、「考える」、「(人や、人の気持ちを)思いやる」といった意味合いになる。

頻出

- 様々な要素を勘案する
  consider several factors

- 〜することを考える
  consider Ving 〜

- Sが〜である、と考える
  consider that SV 〜
  〈consider + 人 + to V 〜〉は「(人)が〜すると考える」となる。

- 〜の/〜する可能性を考える
  consider the possibility of /Ving 〜

- 全てのことを考慮に入れると
  All things **considered**,

＊ **considerate** が「思いやりのある」という意味になることを知っているかもしれないが、これはconsiderの「思いやる」の意味合いからきていると分かる。なお **considerable** は「(量や数が)すごく大きい」という意味。

64

■ increase / ɪnkríːs / 自他 U C
増える　増やす、増加　増加量

「(量、数、程度について)増加する」、または「増加させる」。「程度が増加する」という場合は「増大する／させる」、「上がる／上げる」などの日本語になることもある。表現はdecreaseと互換性があるものが多い。名詞では、具体的なものは可算名詞、漠然としたものは不可算名詞となり、「増加」を表す。また可算名詞で「増加量」という意味にもなる。

よくあるミス

• ますます増えている

{ × be increasing more and more
　○ be steadily (always) **increasing**
　○ more and more sth (sb) be
　　Ving ~

more and more自体が増えていることを表すため、意味が重複してしまっておかしい。

頻出

• 価値／重要性が増している
increase in value/importance

• 3パーセント上がる
increase by 3%
この場合byは元との差を表す。

• 電気の値段を上げる
increase the price of electricity

• 需要の非常に大きな増加に対処する
cope with the huge **increase** in demand

• 増税
a tax **increase**
a salary increase(賃金上昇)、a price increase(値上がり)なども頻出。これらの場合可算名詞であることがほとんど。

＊名詞節an increase of ~ には、50%のように実際の増加している割合が入ることが多い。これはa decrease of ~ でも同じことがいえる。

■ decrease /dɪkríːs/ 自他ⓊⒸ
減少する 減少させる、減少 減少量

「（量、数、程度など）が減少する」、「～を減少させる」。「低下する／させる」という意味になることもあるが、fall/drop（p.210）との区別はしっかりしておこう。名詞の意味では「減少していること」、「減少量」を表す。注意点はincreaseと同じだ。

＊ reduce（減らす）はほとんど同義だが、reduceの方が「力を加えて減らす」というニュアンスが出る。reduction（減少）についても同様。

よくあるミス

・温度を下げる
  - × decrease the temperature
  - ○ **lower** the temperature

decreaseは「温度の低下」にはあまり用いない。「下げる」がlowerとなることは重要。

・血圧の低下
  - × decrease of blood pressure
  - ○ **decrease** in blood pressure

頻出

・～にまで減少する
decrease markedly to ~

・～において劇的に減少する
decrease dramatically in ~

・ミスを減らす
decrease number（rate）of errors

・生産性において3パーセントの低下を見せる/引き起こす
cause a 3% **decrease** in productivity

これは言い換えると「減少量」といえるためaがついている。

66

■ decline / dɪkláɪn / 自他
減る　衰退する　断る

decline は、「ものの量が少なくなること」や、「質や重要性が下がっていくこと」を指す。質が下がっていくことは主に「衰える」「衰退する」という訳となる。量が少なくなるという意味では decrease に置き換え可能なことが多い。また decline ~、decline to V ~ でそれぞれ、申し出や提案などを丁寧に「断る」、「~することを断る」となることも把握しておく。この「断る」の意味の decline も自動詞となることもある。

頻出

・ 帝国が興亡する。
　An empire rises and **declines**.
　帝国が生まれ、そして衰えていくこと。

・ ~パーセント減少する
　decline (by) ~%
　差を示すとき、通例では by+数値で表すがしばしば by は省略される。

＊名詞としても良く使われる。単数形、もしくは不可算名詞で「衰退」、または「減少」を表す。sharp (p.154) は「鋭い」なので sharp decline は「急速な衰退」を表すと思うかもしれないが、意味としては「大きな減少」である。「急速な衰退／下落」と言いたいときは rapid decline を使う。

67

■ locate / lóʊkeɪt / 他自
突き止める　(受身形で)位置している

be located のかたちで「位置している」、「ある」の意味で使われることが多い。使用する前置詞に注意すること。また、ものの位置を正確に突き止めることもいう。

比較

・ ~の北に位置する
　be **located** to the north of ~
　「~の内部ではなく外部で北にあること」をいう。例えば「北海道は本州の北に位置している」など。

・ ~の中で北にある
　be **located** in the north of ~
　「あるものの内部で北に位置していること」をいう。例えば「北海道は日本の中で北に位置している」など。

＊他にも near など様々な前置詞が用いられるが、何を使うかの見極めが重要だ。

頻出

・ 彼の居場所を突き止める
　locate where he is
　彼がどこにいるか正確に把握すること。

■ exercise / éksəˌsàɪz / Ⓤ Ⓒ 自他
運動、運動する　（権力などを）行使する

　名詞の意味では、漠然と「運動」という場合は不可算名詞。「ある部位を動かす運動」、「具体的な運動」では可算名詞となる。動詞では「運動する」、「（動物を）運動させる」、「（体の一部の部位を）動かす」、「（権力などを）行使する」といった意味。

例

- 適度な／軽い運動をする
  do moderate/light **exercise**

- 簡単な運動をする
  do a simple **exercise**
  この場合は例えば柔軟体操など運動ひとつひとつが意識されているため可算名詞となる。ある部位を動かす運動、例えば筋トレなども可算名詞となる。

- 権利を行使する
  exercise one's right
  この場合フォーマルな単語になる。exercise control over ~（～を統制する）は頻出。

- 首を（鍛えるために）動かす
  exercise one's neck

- 定期的に運動する
  exercise regularly

■ stay / stéɪ / 自
（場所に）とどまる

　「ものが移動せずにとどまっているさま」を表す。転じて、「あるところに滞在する」などの意味になる。また「ある状態や状況にとどまっている」、「～のままでいる」という意味でも用いられるが、この場合はどのような状態かに重点が置かれる。

よくあるミス

- 夜遅くまで起きる
  - × stay late
  - ○ **stay up** late
  前者は「遅くまで残っている」の意味。

頻出

- ～の後も残る
  stay after ~
  「～の後もその場にとどまる」ということ。stay to V ~（～するために残る）とすることもできる。

- 健康でいる、同じままでいる
  stay healthy/the same
  ある状態のままでいること。

- ～に近寄らない（離れている）、～を休む
  stay away from ~
  前者の意味を命令形で用いると「近寄るな」となる。

- （家でない場所で）泊まる、一晩を過ごす
  stay over

70

■ hear / híə / 他自
聞こえる　聞く

　listen to は「注意を向けて聞く（耳を傾ける）」ことであるのに対し、hear は「自然に耳に入ってくる」こと。ここから、話を「伝え聞く」に近いニュアンスになる場合もある。なお、これらの意味では「聞こえている」という状態を表すこともあるため進行形にはできない場合が多い。

よくあるミス

- 彼女のアドバイスを聞く
  { × hear her advice
  { ○ **listen to** her advice
  advice は不可算名詞。

頻出

- （人）が～する/している/される音が聞こえる
  hear sb V ~/ Ving ~/ having done ~
  〈人 + **be heard to V** ~〉で「（人）が～するのを聞かれる」になる。

- Sが～であることを伝え聞く
  hear that SV ~

- ～から連絡がある
  hear from ~

- ～の消息を聞く、～の事実などを伝え聞いている
  hear of ~

- ～について聞く
  hear about ~

71

■ improve / ɪmprúːv / 自他
良くなる　良くする

　「より良くする」、または「より良くなる」という意味。そのため「改善する」、「進歩させる（する）」、「増進する」という訳語になる。

頻出

- 状況を改善する
  improve a condition

- （人）の健康を増進する
  improve one's health

- 年を重ねるほど良くなる
  improve with age
  この場合、主語はものでも良い。

■ start / stάɚt / 自他
始まる 始める

　「始まる」、「始める」、「出発する」、「動き出す」といった意味だ。begin がものごとの始点に意識が向いており「初めの一歩目を踏み出す」という含意を持つのに対して、start は一歩目というイメージではなく、「準備段階や休止状態から動き始めること」をいう。

頻出

• ~から（場所）に向けて出発する
start from ~ for/towards
somewhere
この意味では begin は使えない。「出発する」で最も一般的なのは leave。

• ~し始める
start to V/Ving ~

• 起業する
start a company
begin ではなく、様々な準備が必要な「起業」には、start のみ使える。

■ grow / gróʊ / 自他
増える 成長する　育てる

　量、数などが増える、増やすこと。そのため実は increase と近いが、それよりも長期にわたるというニュアンスがでる。人間や動物の成長の他に、植物の生長（育てる）、髪などが伸びる、伸ばすことに grow が使われる。また、「徐々に~になる」の意味では必ず形容詞を後ろに伴う。

頻出

• 年をとる
grow older
get older とほとんど同義だが grow の方がフォーマルだ。

• ~を好きになる
grow to like ~
これは対象にに対する感情や意見が変わっていくことを示す表現である。そのため、like 以外を入れる場合でも to の後ろは感情を表す動詞に限定すること。

• ~が急速に成長（増大）している
~ **grow** rapidly

• 野菜を育てる
grow vegetables
「（人）を育てる」は〈bring ＋人＋ up〉。なお grow up は「（主に人が）成長する」となる。

74

■ **try** / trάɪ / 自他
努力する　やってみる

「努力する」、「試しにやってみる」といったニュアンスはtryで表現できる。「挑戦する」などもこれに当てはまる。

よくあるミス

- 問題にチャレンジする
  - × challenge a problem
  - ○ **try** solving a problem

動詞のchallengeは日本語でいう「チャレンジする」とは異なる。try Ving ~は「(実際に)～してみる」の意味。

頻出

- ～しようとする
  try to V ~

- ～するのに大変な努力をする/ベストを尽くす
  try hard/one's best to V ~

- 新しいことに挑戦する
  try something new

75

■ **turn** / tə́ːn / 自他
変える(なる、分かる)

ライティングにおいてturnは「変わる」という日本語に近いニュアンスでよく使われる。それが「なる」という訳語にもなる。主に変わる前との対比が意識される。

よくあるミス

- 10歳になる
  - × become 10
  - ○ **turn** 10

turn + 年齢は成句。ただしthe age of ~がつく場合にはreach the age of 10となる。becomeはp.201へ。

頻出

- 寒くなる。
  It **turns** cold.
  このturnの用法では後ろに形容詞がつく。

- ～になる、(もの/人)を～にする
  turn (sb/sth) into ~
  まったくの別物に変わることが意識される。例えば、さなぎがちょうちょに変わるなど。

- (結果的に)～であると分かる
  turn out to be ~
  to V~, It turns out that SV ~のかたちも用いられる。

＊名詞では「順番」という意味が大切。**in turn**(交互に、かわるがわる)がマスト。

■ pay / péɪ / 自他
払う （割にあって）**ためになる**

「金銭を支払う」ことを指す。借金、税金、給料など、支払うことの他、注意や尊敬などを払うことにも使われる。あることをして、それが良い結果になることから「ためになる」「割にあう」にもなるが、これは「勉強をすること」などの行為に限定される。

比べてみよう

- 彼に /200円払う
pay him/200 yen
pay に直接続けられるのは人か金額。「(人)に(金額)を払う」の場合は〈pay ＋ 人 ＋ 金額〉。

- 授業料を払う
pay for lessons
for の後ろには買うものが来る。「(for以下の)～の支払いをする」という意味。

- 円で払う
pay in yen
in の後には円やドルなどの通貨単位が来る。

- クレジットカードで払う
pay by credit card
by の後には手段が来る。ただし「現金で」は **pay in cash** だ。

頻出

- 料金を払う
pay the bill

- 罰金を払う
pay a fine

- ～してためになる、～して損はない
It pays to V ~
否定で用いると「割にあわない」になる。

- 100万円の報酬（給料）をもらう
get **paid** one million yen

77
■ move / múːv / 自他
動く　動かす　感動させる

　ものの位置を意識的に変えること。また、位置が変わること。動く、動かすものは、感情、もの、意見、日時など様々である。「引っ越す」、「転勤する」、「転職する」という意味も頻出。

よくあるミス

- 人を動かす
  - × move a person
  - ○ **influence** a person

  moveは実際に動かすこと。

頻出

- 動き回る

  move around

  move aroundは「一定の場所で動き回ること」を指すことが多い。様々な場所を行き来する場合にはしばしば**get around**が使われる。

- AからBへ引っ越す

  move from A to B

- ～に深く感動する

  be deeply **moved** by～

  主に悲しいことや同情による感動。moveそのものは「感動させる」だ。

＊「感動させる」の意味でのmoveは涙が出るような感動のことをいう場合が多い。単純に「感動する」といいたいときは、多くの場合で**be impressed by** ～（～に感動する）の方が適している。

78
■ communicate
/ kəmjúːnɪkèɪt / 自他
伝える　コミュニケーションをとる

　自動詞でも他動詞でも、「伝える、伝わる」というイメージを持つ。そのためコミュニケーションをとることや、伝えること、通じ合うこと、病気がうつること、を表す。コミュニケーションを取ることと伝えることはともに重要かつ混同しやすいため注意が必要。

頻出

- ～とコミュニケーションをとる、～と心が通じ合う

  communicate with ～

  two people communicateなどのいい方もできる。

- （情報など）を～に伝える

  communicate sth to ～

- ～によって伝染する、～によって伝えられる

  be **communicated** by ～

  ほとんど場合、受け身で書かれる。また、あくまで人や動物にうつることだけを指すのであり「（結果として）蔓延する」などの発展した意味はない。

■ spread / spréd / 自他
広がる　広げる

　「一面に広がる」というイメージを掴むこと。そこから、「広い範囲にわたっている」という意味や、「一定の期間にわたって行う」というような意味になる。広がるものは病気であったり情報であったりと様々である。

よくあるミス

・地図を広げる
　{ △ spread a map
　{ ○ **unfold** a map
　spreadは机などの平面に広げている様子、もしくはあるものを広げて掛けるという意味。もし机に地図を広げているのであればspreadも可。

頻出

・〜に広がる（わたる）、〜中で広まる
　spread over 〜
　前者の意味では大きな範囲にわたっていることを示す。また〈spread ＋もの＋ over ＋時間〉で「ある時間をかけて（もの）を〜に行きわたらせる」という意味にもなる。

・病気が蔓延する
　a disease **spreads**

■ close / klóuz / 自他
閉まる 閉める

　閉まる、閉める様子を表すが、ものの端同士を近づけ、その間をなくすイメージ。「閉」がつく日本語はcloseを使うことが多い。

よくあるミス

・カーテンが閉まっている。
　{ × The curtains are close.
　{ ○ The curtains **are closed**.
　形容詞のcloseは形容詞のopen（開いている）とは異なり「閉まっている」という意味はない。

頻出

・本を閉じる
　close a book
　本のページとページを近づけるイメージ。

・（もの）によって〜を終わらせる
　close 〜 by sth

・格差（隙間）を埋める
　close the gap
　格差の端と端を近づけるイメージ。（gap.p00）

＊「閉店する」の意味は、「営業終了」と「廃業」の両方使える。

＊形容詞のcloseにも「ものの端同士を近づける」というイメージがあるので「近い」という意味になる。near（p.286）よりもさらに近いニュアンス。
　実際の距離や精神的（仲の良い）、時間的、意味的な距離など様々な距離の近さを表す。be close to 〜（〜に近い）、feel closer to 〜（〜と仲が良くなる）、close attention（細心の注意）などを覚えておこう。

81

■ call / kɔ́:l / 自他
電話をかける　呼ぶ　呼びかける

　声に出して呼ぶこと。そのため「呼ぶ」、「呼びかける」などの訳語になる。また「電話をかける」という意味にもなる。

頻出

- （電話で）医者を呼ぶ
  call a doctor
  タクシー、警察、救急車など人や車に用いることができる。

- 彼女を英雄と呼ぶ
  call her a hero
  a liar（嘘つき）など人をある表現で形容するときに使われる。形容する代わりにニックネームが入ることもある。

- ～（ある対処や行動）が必要となる
  call for ~
  この表現は「公的に～がなされることを要請する（求める）」という意味にもなる。

- 彼を名字で呼ぶ
  call him by his family name
  byの後には苗字、ファーストネーム（first name）などの名前の一部の名称がくる。具体的な名前が来るわけではない。

- （人）の名前を呼ぶ
  call one's name
  「～に呼びかける」の場合はcall to ~ を使う。

- （人）のために～を呼ぶ
  call sb ~/ **call** ~ for sb

82

■ occupy / ákjəpaɪ / 他
占める

　単に「占める」で覚えていても適切な文を書くことができない。主に場所、時間を占める場合に使う。物理的な話でなくても、例えばポジション、市場なども含む。

よくあるミス

- 20パーセントを占める
  × occupy 20%
  ○ **account for** 20%
  ある量（割合）、ある部分を占める場合にはacccount for を使うこと。

頻出

- 特権的な地位を占める
  occupy a privileged position

- ある地域を占める
  occupy a region
  ある場所の大半を占めていること。もしくは「占領する」となる場合もある。**the global market**（世界の市場）のような場合に対しても用いる。

- 余暇を～してすごす
  occupy one's leisure time by/ through Ving ~

■ work / wə́ːk / 自他
働く 上手くいく

「仕事として働く」、また「ある目的のために働く(努力する)」、機械などが働く(動く)と様々な「働く」を表す。「(機械を)動かす」という他動詞にもなる。ものを主語にとり、自動詞としてworkを使うと「上手くいく」や副詞などを伴って「効果を生む」となる。

比べてみよう

・ ~で働く
work in/at/for ~
inのうしろ…場所、働く場所の類型(銀行など)、仕事自体の類型(広告業など)
atのうしろ…具体的な機関名、場所
forのうしろ…自分を雇用しているところ、会社、機関、人
eg.) どこに勤めていますか?
What do you work for?

頻出

・ ~することを頑張る
work hard to V ~

・ 計画が上手くいく。
A plan **works**.
〈もの + works〉で「何かが成功する」、もしくは「何かが良い結果を生む」になる。

・ 携帯が動かない。
My cellphone does not **work**.

・ ~は一長一短である
~ works both ways
良い結果も悪い結果も生むこと。この意味のworkでは、主語は「事実、状況、仕組み」に限ること。「良い影響をもたらす」はwork wellと表現する。

■ lack / lǽk / 他 Ⓤ
不足する ない 、不足 欠いていること

「必要なものが足りていない、もしくはまったくないこと」を表す。他動詞だが、例外的に進行形のときにはlacking in ~のかたちにもなる。名詞の用法では、可算名詞(単数形)と不可算名詞の区別はあまりないが、頻度としてはa lackと単数形で表すことが多い。lackの前に形容詞が来る場合にも可算名詞となることが多い。

比べてみよう

・ ~する自信がない
lack confidence to V ~
例のconfidenceは実体がないが、お金などの物質的なものも扱える。

・ 自信が欠けている
be lacking (in) confidence
進行形になるときはinがついても良い。

頻出

・ 言語力がまったくないこと
a total **lack** of language skills
このように形容詞が入ると単数形になることが多い。distinct(明らかな)も頻出。なお lack of sleep は不可算名詞。

・ ~がたくさんある(あり余っている)
There is no **lack** of~

＊lackingは形容詞で「欠けている」の意味。missingも「欠けている」になることがあるが、こちらは「見当たらないこと」、「あるはずのものがないこと」を表すまったく違う語。Write the missing word in a sentence.(文中でぬけている語を書きなさい。)からニュアンスを掴もう。

■ believe/bəlíːv/他自
trust/trʌ́st/他自
信じる

believe…「ものごとや人の言っていることが真実であることに確証をもつこと」、「ものごとが真実であると強く思うこと」。後者の意味はthinkに近い。つまり信じるのは真偽であり、「ものの価値を信じる」などといった場合には使えない。

trust…「人を信頼する」という意味や、「正しいと信じる」、あるものが「上手く働くことを信じる」、といった意味になる。

比べてみよう

- I **believe** you.
  あなたの言葉を信じる。
  ここでは「人の言っていることを信じる」の意味。「あなたを信じる」になることもあるが、あくまで信じているのはその人の発言だ。

- I **trust** you.
  あなたを信頼している。
  こちらは、「あなたがまともな人間で、間違ったことなどをしないということを信じている」ということだ。「自分を信じる」ももちろんこちら。

頻出

- お金だけを信じる
  trust only money

- 人/ものが～すると信じる
  trust sb/sth to V ～
  例えばボロボロの車が動くなど、ものが正常に働くことを信じる。

- （人の）判断を全面的に信じる
  completely **trust** one's judgement
  直観（**instinct**）などとも相性が良い。

- （人/もの）が～であると強く信じられている。
  sb/sth firmly **believed** to be～

- Sが～であると広く信じられている。
  It is widely believed that SV ～

* **believe in**には多様な意味がある。1つ目は存在を信じること。「神の存在を信じる」がこれに当てはまる。ふたつ目は「あるものが正しいと信じること」。「自分のやり方を信じる」などがこれに当てはまる。最後は、「人が人を信じること」。trustに近いが、こちらは「良い結果を残せると期待している」というニュアンスが出る。

■ tend / ténd / 自
likely / láɪkli / 形
～しがちだ

tend…「傾向がある」と訳される通り、いつもそうなる確率が高く、またこれからもそうである可能性が高いことをいう。「しがちだ」などの訳語になることもある。様々な意味があるが tend to V ~（～する傾向がある、しがちである）のかたち以外ではあまり使われない。

likely…「何かがおそらく起こること、何かが恐らく正しいこと」を表す。be likely to V ~ /be ~（～しそうである／～になりそうである）以外の用法も使えるようになっておきたい。原因、結果という意味の語との相性が良い。

頻出

- 起こりそうな結果
  a likely consequence
- 適切な（もっともらしい）説明
  likely explanation
- 最も起こりそうな／起こりそうでない
  most/least likely

■ act / ǽkt / 他自
behave / bɪhéɪv / 自
行動する

act…「アクション」という言葉に似ていることから分かる通り、「行動を起こす、働く」となる。「行動する」という意味にもなるが、どのように行動するかに重点が置かれるため、必ず副詞相当語句の修飾がなくてはならない。

behave…act の「行動する」と同じく、どのように行動するかに重点が置かれる。意味としては動き全般を指すため「振る舞う」となることがある。また、人にマナーの悪いことをしないこと、「行儀良くする」の意味もある。この意味では他動詞となり、〈人 + behave（+oneself）〉のかたちと以下の表現をしっかり把握しておこう。

例

- 種の絶滅を防ぐために行動する（働く、行動を起こす）
  act to prevent a species from vanishing
- 尊厳を持って／衝動的に行動する
  act with dignity/on impulse
  on~は「～に基づいて」、また「～に対して」。with~は「～を伴って」。
- 人／ものが～であるかのように振る舞う
  act/behave as if SV ~
- ～に対する振る舞い方
  how to **behave** towards ~
- 行儀の悪い／良い
  badly-/well-behaved

■ select/səlékt/他自
choose/tʃúːz/他自
選ぶ

select…「吟味して最も良いものを選び出す」というニュアンス。したがって、他にも選択肢が明確にあるときに用いられることが多い。「選び出す」という日本語に近い場合が多々ある。基本的にフォーマルな単語。

choose…「いくつかの選択肢の中から、欲しいものや自分のしたいことを選ぶ」というニュアンス。日常的に用いられ、selectとどちらを使うか迷ったらchooseを使う。名詞のchoice（選択）を動詞として書いてしまわないこと。

比べてみよう

• 彼らは議長として彼を選出した。
They **selected** him as the chair-person.

• 新しいテレビを選んだ。
I **chose** a new TV.
選択肢の中から欲しいものを選んでいるためchoose。

＊ select, choose関連のイディオムはほとんど互換性がある。どれも基本的なものなのでここでは割愛する。例外として、**choose between the two/A and B** は問題ないがselect betweenは適していない。「ベストなものを選ぶのに2つしか選択肢がないのは心もとない」と考えると覚えやすい。

＊ **have no/little choice but to V ~** と **there is nothing/little to choose between ~** の違いは明確にしよう。前者は「～する以外の選択肢が（ほとんど）ない」だが、後者はどちらかにするか決め難いほど魅力（欠点）が同じくらいなことを表す。日本語では「甲乙つけがたい」になる。

■ happen / hǽpən / 圓
occur / əkə́:r / 圓
起こる

happen…「起こる」で問題ないが、想定、予想していなかったことに使われる場合が多い。What happend ?(何が起きたのですか)のように、occur よりも漠然としたものに使えるため使える幅が広く、また頻度もはるかに多い。

occur…基本的な意味は happen と同じ。しかし、occur は happen よりもフォーマルだ。「現象(自然現象など)が起こる」というときに使われることが多い。また、「ある場所や人、状況の下であることが生じている(存在している)、生じる」という意味にもなる。この意味では in などで範囲の指定が必要。

よくあるミス

・何が起きているのか分かる
　× understand what is happening
　○ understand what is **going on**
what is going on は「現状」という訳にもなる。

頻出

・地震が起きる。
An earthquake **occurs**.
地震という自然現象が起きるので occur が最適。

・幅広い状況で生じる
occur in a wide range of situations

・～することが/S が～する(である)ことが(人の)頭に浮かぶ
it occurs to sb to V ~ / that SV ~
フォーマルな表現。頭の中で考えが生じるということ。日常会話ではまず使われない。

・何が起ころうとも
whatever happens

・面白いことが起こる。
Something interesting **happens**.
「面白いこと」という漠然としたことが起こるため occur よりも happen の方が好まれる。

・たまたま～する
happen to V ~

＊類似表現である **take place**(起きる)は予想される出来事やすでに起きた出来事に使われる場合が多い。

■ want / wάnt / 他自
hope / hóʊp / 他自
wish / wíʃ / 他自
欲しい　望む 他自

want…「欲しい、望む」というときに最も使われる語。〈want + 人 + to V ~〉（人に～することを望む / してほしい）や〈want ~ done〉（～されることを望む）は欲しいよりも「望む」に近いニュアンスとなる。

wish…「願望する」、「願う」という意味においては、「実現する確率は低いだろうが望む」というニュアンスになる。仮定法で「～であればなあ」という訳になるのもそのためである。wish to V ~のかたちではwantとほどんど同じ意味になるが、wish to V ~の方がフォーマルな表現となる。

hope…「あることが起きることを望む、何かが起きると信じる」といった意味。簡単にいうと、「起こりうることへの願望」を示す。だから、「期待する」という日本語になるのだ。hope to V ~でも同じニュアンスをもつと考えて良い。動詞の特性上、hope that ~のかたちに過去形が続くことは少ないが、もし続く場合、「～したことを望む」というよりも「～していれば良いのだが」というニュアンスになる。

よくあるミス

・（人）が～することを望む
- × wish/hope sb to V ~
- ○ **want sb to V ~**

・～を望む
- × wish/hope ~
- ○ **want ~, wish/hope for ~**

「～を望む」はwish for ~ /hope for ~のかたちが多い。

・Sが～することを望む
- × want that SV ~
- ○ **want S to V ~**
- ○ **wish that SV ~** (that以下は仮定法)
- ○ **hope that SV ~**

頻出

・強く求める
badly **want**

・彼が生きていることを願う
wish for his survival
この場合、「彼が生きている見込みは低い」と思っている。

・最善の結果を期待する
hope for the best
成句。あるものが上手くいくことを期待すること。

＊ want（人）to V ~はライティングでは **would like (sb) to V~** にした方がフォーマルな表現となる。

■ establish / ìstǽblɪʃ / 他
found / fáʊnd / 他
設立する

establish…「（組織などを）設立する」。これからも続いていくことが想定されること、過去形の場合は存続してきたことが意識されるときに使われる。「関係を結ぶ」という場合にも使われるが、これもそれ以降続いていくであろうことを意識したものとなる。

found…establish と違い、設立そのものに重点が置かれ、存続している（していた）かどうかは問題ではない。つまり start に近い。なお、過去形（founded）で用いられることが多い。

比べてみよう

• 学校を設立した
founded a school
この場合、学校の設立という時間的な点が意識される。つまり、設立自体に重点が置かれる。

• 学校を設立した
established a school
この場合は設立されたものが存続してきたことが意識される。

頻出

• 新設の
newly **founded**

• ～と遠距離の関係を築く
establish long-distance
relationships with～

＊「会社を立ち上げる」という文においてのestablishとfoundの区別をしておく。establishは法規的な側面や登記などをクリアして実際に団体として動き出したときを、foundは単純に設立されたときのことを指す。

第 **1** 部
名 詞

person/people	individual	computer
human/human being	mind	volunteer
each other	sleep	book
time	data	currency
way	skill	advantage
method	art	disadvantage
life	question	size
language	amount	measure
food	effort	order
term	side	fear
study	paper	cost
number	memory	traffic
part	risk	problem
culture	production	talent/talented
change	consumption	potential
species	type	contact
research	experiment	condition
someone	aspect	state
percent	benefit	situation
system	walfare	region
information	quality	area
age	field	zone
million	success	expert
health	news	product
means	community	the former-the latter
experience	law	work-job-task
population	media	idea-thought-opinion
society	stay	effect-influence-impact
oneself	program	climate-weather
sense	range	view-perspective
nature	relationship	growth-development
ability	rest	anything-something
knowledge	interest	rate-proportion
process	resource	value-worth
technology	access	period-era-age
business	price	behavior-act
difficulty	variety	sex-gender
environment	total	trip-journey-travel
reason	conversation	nation-country-state
evidence	internet	for example-for instance

■ **person** / pə́ːsn / ⓒ
people / píːpl / ⓒ
人、人々

person は可算名詞で「人」という意味だが、複数形にする場合は persons では形式張っているため people にする方が多い。people に the がつくと「国民」の意味になる。

よくあるミス

・5人の人たち
$$\begin{cases} △ \ 5 \ \text{persons} \\ ○ \ 5 \ \textbf{people} \end{cases}$$
間違いではないが堅く古風な言い方なので people にする方が良い。

頻出

・(一般的に) S が～と言われている／思われている
People say/think that SV ～
一般論を示すときによく使われる。

・そのコミュニティの人々
the **people** in the community

・すべての人々
all the people

■ **human** / hjúːmən / ⓒ
human being
/ hjúːmən bíːŋ / ⓒ
人間　人間の

「人間」という意味の表現はたくさんあるが、使い方が難しいため human をメインに使うこと。他の動物と区別したいときは human being を使う。

よくあるミス

・人類
$$\begin{cases} × \ \text{man} \\ ○ \ \textbf{humans} \end{cases}$$
人類を指す場合、man は性差別の観点から決して使わないこと。ただし、リーディングにおいては man を目にする可能性もある。

頻出

・人類の行く末を案じる
be anxious about the future of **humans**

・人類の歴史
human history

・人権を尊重する
respect **human** rights
守る (protect)、侵害する (violate) とも相性が良い。人権とは様々な権利の総称であるため、特定の人の人権をいいたいときでも the はつくが複数形。

・人類が地球に現れた。
Human beings appeared on Earth.
他の動物との区別がなされる「人類」なので human being。

94

■ each other /íːtʃ ʌ́ðɚ/
お互い

each otherは副詞句ではなく名詞句。普通の名詞同様に目的語にはなるが、主語にはならない。また、副詞ではないので、目的語でないときには前置詞が必要になる。

よくあるミス

- お互いに
  - × each other
  - ○ **with** each other

- お互いがお互いのことを考える。
  - × Each other consider each other.
  - ○ **Both of** ~ consider each other.

頻出

- お互いに連絡を取り合う
  communicate **with each other**

95

■ time /táɪm/ Ⓤ Ⓒ
時間

可算名詞なのか不可算名詞なのかの区別が最も難しい語の1つ。基本的には不可算名詞となる。そこを知った上で表現別に把握していくと良い。

比べてみよう

- spend **time** Ving ~
  ~することに時間を費やす
  不可算名詞。これは「今日は時間がある」という日本語での「時間」と同じ自由に使える時間という意味。

- spend **a** long **time** Ving ~
  ~することに長い時間を費やす
  「何かをしている、何かが起きている時間の幅」を意味する。long/shortなど長さを表す形容詞と共に用いられる場合はa timeのかたちが多い。

よくあるミス

- 楽しい時間を過ごした。
  - × I had good time.
  - ○ I had **a** good **time**.
  「楽しい時間」のように時間をまとめてある1つのもの、ある一点として扱っているときは可算名詞。

頻出

- Sが~するときはいつも
  every/each **time** SV ~

- ~のとき
  at **time** of ~
  「~」を特定できないときにはat a timeとなる

- 長い時間をかけて変化する
  change over **time**
  over timeは diminish（消える）、decrease（減る）などの変化を表す動詞と相性が良い。

■ way / wéɪ / ⓒ
方法 スタイル

　なお、ここでいう「スタイル」と英語の style は異なる。way は次項の method も含めた広い範囲をカバーする汎用性の高い単語である。頻出の紛らわしい表現として、**a way of Ving** ~ は「他の選択肢もあるうちでの1つ」、一方で **a way to V** ~ は「V以下のそれしかない」というイメージがある。また、way の前に所有格がつく場合には後者は使われることはない。

よくあるミス

- ~をする唯一の方法
  - × the only way of Ving ~
  - ○ the only way **to V** ~

  「唯一の」というときはVingは適していない。

- 彼の話し方（話すスタイル）
  - × his way to talk
  - ○ his way **of talking**

頻出

- （人）なりに／の方法で
  in one's **way**

  「（人）のスタイルで」という意味。

- 様々な方法で
  in various **ways**

- 丁寧に
  in a polite **way**

  in a way のみで用いると「ある意味で」という意味。

■ method / méθəd / ⓒ
方法

　「方法」といっても、「道筋が明確であるもの」を指し、また、学問的な領域で使われることが多い単語。

頻出

- ~する方法を用いる
  employ a **method** of Ving ~

  use も使えるが、よりフォーマルなのは employ だ。前置詞には of を使う。

- ~する新しい方法を見つける
  find a new way/ **method** to V ~

98

■ life / láɪf / ⓤⓒ
生活 人生 命

漠然と「生命」、「人生」、「生き物」、「生活の状態」をいうときは不可算名詞、「個別の命」、「生活」、「人生」は可算名詞。

よくあるミス

- 命を大切にする
  - × cherish life
  - ○ **value** life

「大切にする」=cherishと安易にとらえるのはまちがい。漠然と生命一般を指しているため不可算扱い。

例

- 楽しい生活を送る
  lead a happy **life** ⓒ

- 人生は素晴らしい。
  Life is great. ⓤ

- 平均寿命が長い
  The average **lifespan** is long
  「寿命が延びる」はincrease。

- 野生生物
  wildlife ⓤ
  野生の動植物。個々を指しているわけではないため不可算名詞であり、一語。

* **lifespan** ⓒ（寿命）は「人生が始まった瞬間からの余命」、類義語の **life expectancy** は「ある時からの余命」という違いがある。

99

■ language / læŋgwɪdʒ / ⓒⓤ
言語 言葉

言語そのものを表すときは不可算名詞。

よくあるミス

- 書き/話し言葉を使って
  - × by using written/spoken languages
  - ○ **through** written/spoken language

例

- 言語の壁を越える
  overcome the **language** barrier

- 3か国語を操る
  use three **languages**

■ food / fúːd / ⓊⒸ
食べ物　食料

動物が食べるもの、人間が食べるもの両方に使うことができる。基本は不可算名詞。特定の食品、食べ物を示すときにのみ可算名詞となることを意識する。

よくあるミス
- 冷凍食品を調理する
  - × make frozen **food**
  - ○ defrost frozen **food**

  冷凍食品は ready made food ともいわれることから分かる通り、すでに出来上がっているものなので、defrost（解凍する）が「調理する」にあたる。

例
- ファストフードを食べる
  eat fast **food** Ⓤ

  これはファストフード全体を表しており特定の食べ物ではないため不可算名詞。
- 十分な食糧を供給する
  supply enough **food** Ⓤ
- 健康的な食べ物
  healthy **food** ⒸⓊ

  これは健康的な食べ物の1つひとつ、例えば納豆など、特定の食品に対して使う場合は可算名詞。総称していう場合は不可算名詞。
- 食料の供給
  a **food** supply
- 食べ物の値段
  food prices

  prices にする場合がほとんど。
- 食糧不足／危機
  a **food** shortage/crisis

■ term / tə́ːm / ⒸⓊ
期間 専門用語 折り合い

「（決められた長さの）期間」「専門用語」、「折り合い」という3つの意味を、コロケーションに注意しながら使えるようにする。「学期」という意味はイギリス英語では用いられるものの難しいため、semester を覚えておこう。

よくあるミス
- 学期中に
  - △ during the term
  - ○ during the **semester**

  during the term はセメスター制（授業期間を2つに分けるかたち）ではないイギリスでは用いられるが、日本の学校の場合には during the semester とすることがほとんど。

頻出
- 長／短期的に
  in the long/short **term**

  〈long- /short-term +（名詞）〉で「長／短期的な（名詞）」の意味となる。
- （人や組織と）折り合いをつける
  come to **terms** with ~
- ～という意味の／～を表す専門用語
  a **term** for ~

* 「期間」の意味では period（p.127）もある。term は「契約の期間」のようにあらかじめ決まった期間である。汎用性が高いのは period。

102

■ study /stʌ́di/ Ⓤ Ⓒ
勉強　研究

「（主に家で自発的に行う）勉強」の意味では不可算名詞。「研究」という意味では、実際に行っている研究は可算名詞（通例studies）で、漠然と「研究」という場合は不可算名詞。

例

- 勉強法を身に付ける
  learn **study** skills
  勉強の方法というより、良い成績を取るための勉強のコツ。

- 最近の研究でSが～と分かる
  recent **studies** show that SV ~

- 人類に関する研究
  the **study** of human beings Ⓤ

＊I like study. というのは、文法上はもちろん間違いではないが慣例的にはI like studying（to study）. のほうが使われることが多い。

103

■ number /nʌ́mbɚ/ Ⓒ
数字　数

⟨the number of ＋ 複数形 ＋ is increasing/decreasing⟩で「（名詞）の数が増えている／減っている」は必須。「～の数」といいたい場合は、必ずthe number of ~ のかたちにすること。

例

- 数字に弱い
  be not good with **numbers**

- 偶数／奇数
  an even/odd **number**

- ますます多くの家族
  a growing **number** of families
  a number of（様々な）の変化形。

＊⟨a number of ＋可算名詞⟩については日本人の理解とニュアンスが異なる場合がある。p.282で確認すること。ちなみに、「たくさんの」と表現したい場合はa large number ofを使った方が良い。

■ part / páət / ⓒ ⓤ
役割　部分

「ものやことを構成する要素」をいう。そこから「役割」や「部分」などの意味になる。「活躍する」、「参加する」といった表現では「役割」としてのpartが使われる。

例

- 15世紀の前半に/後半に

  in the first/latter **part** of the 15th century

  初めの頃は**early**、終り頃は**later**、末期は**last**。

- ～の大部分を占める

  become a large **part** of ～

  「重要な部分である」は**be an important part**。

- ～で活躍する

  play an active **part** in ～

  主語が複数でも**a part**のかたちは崩さないこと。

- ～に参加する

  take **part** in ～

*「参加する」という語は他に**join**がある。**join**は同じ団体の一員になる、出来事に参加し始めるとなる。また類似表現である**take part in**は「活動や出来事に加わり役割を果たす」というポジティブな含意があり、**join**とはニュアンスに違いがある。**join in**は基本的に会話など、活動に加わることを示す語となる。

■ culture / kʌ́ltʃəʴ / ⓤ ⓒ
文化

漠然とした「文化全体」を指すときは不可算名詞、「個々の文化」を指すときは可算名詞。「日本の文化」、「西洋の文化」などは不可算名詞になることが多い。また例えば、歌、絵などそれぞれの文化が集まった文化の総称である「カルチャー」は不可算名詞になる。

よくあるミス

- 多くの日本の文化

  × Many Japanese cultures

  ○ many parts (aspects) of Japanese **culture**

  1つの国には1つの文化。英文では「能」なども「伝統的な日本の文化」ではなく「伝統的な日本の文化の1つ」と考えられる。

例

- インドの文化

  the **culture** of India

- 大衆文化

  popular **culture** ⓤ

  大衆向けの漫画、映画などが集まってできる文化の総称。pop culture もほとんど同義と考えて良い。

*英語のサブカルチャーは日本人の感覚とは異なるので使わない方が良いだろう。もし日本語の「サブカルチャー」を英語でいいたい場合は、unique parts of Japanese culture（独特な日本文化）もしくはpop culture を使うと日本人の感覚に近くなるだろう。

■ change / tʃéɪndʒ / Ⓤ Ⓒ
変化 移り変わり 変更

「変化」といっても様々な意味に分けられる。1つ目は、「進行形で変化していること」、「変化の過程」。「〜の」と言いたいときには of/in のどちらでも使われる。2つ目はあるものからあるものへの変化、つまり「移り変わり」や「変更」。この意味では前置詞は必ず of。

よくあるミス

- 日本の大きな変化
  { × big changes of Japan
  { ○ big **changes** in Japan
  ほとんどの場合 in が用いられる。説明は後述。

- 天候の変化
  { × a change of weather
  { ○ a **change** in weather

頻出

- 〜に変化をもたらす
  cause a **change** in 〜

- 〜に変化はない。
  There is no **change** in 〜.

- 季節を感じる
  feel the **changes** of the seasons

- A から B への政権交代
  a **change** of government from A to B
  政権が移り変わること。

* **in/of** の区別は曖昧なことも多々ある。しかし、例えば change of project と表現する場合、「project 自体が全く別のものに変更される」という意味になる。一方、change in project になると「project 自体に変更はないがその中での変更がある」という意味になる。「移り変わり」の意味の change に of が使われるのもこのためだ。of/in は「指し示すそれ自体が変わる」のか、それとも「その範疇で一部に変化がある」のかで区別する。

■ species / spíːʃiːz / Ⓒ
種 種類

単複同形の可算名詞。単数のときはaの
つけ忘れに注意。「ある種」を指す場合は単
数、もっと広範に「種」という場合は複数。
あくまで植物や動物の「種」、「種類」である。

重要

・500種類の鳥
  500 species of birds
  この場合のspeciesは複数形となる。なお、「～の
  一種（一種の～）」などspeciesが単数になる場合
  は、of以下を単数形にすること。

・種を保全する
  conserve species
  この場合は複数形。

・絶滅危惧種
  endangered species

・様々な種類の魚が太平洋で発見された。
  **Various species of fish were
  found/discovered in the Pacific.**
  fishは集合名詞なのでspecies自体が複数になっ
  ても単数形のかたち。もちろん動詞は複数形を
  受けるものを使う。

* speciesを生物以外にも用いるネイティ
  ブもいるが、ライティングにおいてはミ
  スを誘発する可能性が高いため避けた
  方が良いだろう。

■ research / ríːsəːtʃ / Ⓤ
研究（専門的な調査）

「研究」、中でも特に「専門的な研究」のこ
とをいう。不可算名詞であることは常に意
識しよう。

よくあるミス

・最近の研究でひと／ものが～と分かる
  × Recent researches show us
    that SV ~
  ○ Recent research shows us
    that SV ~
  「研究」は不可算名詞というのが大原則。

頻出

・（～について）研究（調査）する
  do research (on ~)
  動詞のresearchよりもこのかたちの方が用いら
  れる。

・科学的な調査に基づいている
  be based on scientific research

・彼の研究
  his research (es)
  one'sがつくときには複数形をになることがある。た
  だしネイティブによっては間違いとする人もいる。

*類義表現の区別を知っておこう。
  investigate…「原因や真実を見つける
  ために綿密な調査を行うこと」。そのた
  め、crime（犯罪）などのマイナスな単語
  や、cause（原因）などネガティブな文脈
  でよく使われるものと相性が良い。**look
  into** もほとんど同義と考えて良い。

  examine…「ものを注意深く、また徹底
  的に見ること」をいう。p.190も参照。

109

■ someone / sʌ́mwʌ̀n / 代
(不特定単数の)ある人　誰か

　日本語でいう「ある人」、「誰か」。英作文で不特定の単数の人を指すときはperson ではなくこちらを使う。また代名詞で受けるときはhe or sheと受けるのが原則だが、theyで受ける例も少なくない。

よくあるミス

・誰かがここに住んでいる。
　　△ A person lives here.
　　○ **Someone** lives here.
　　a personでも間違いではないが堅い表現となる。

例

・他の誰か(特定されていない)
　　someone else

＊不特定単数の人を指したいときに使うa person実は堅い表現なので、よほど格式ばった文章以外ではsomeoneを使った方が良い。

110

■ percent / pəɹsént / ⒞⒰形
パーセント、(数字を伴って)〜パーセントの

　日本語の「パーセント」と同じと考えて良い。percent of 〜に続く名詞が単数形なら単数扱い、複数形なら複数扱いとなること、また、複数扱いでもpercentsとはしないことは重要。

よくあるミス

・20パーセントの犬
　　× 20 percents of dog
　　○ 20 **percent** of dogs
　　複数扱い。

・20パーセントの人が〜する
　　× 20 percent of the people does 〜
　　○ 20 **percent** of the people do 〜

・5割の減少
　　× 50 percent decrease
　　○ a 50 **percent** decrease
　　decrease(p.44)の項を参照。

■ system / sístəm / ⓒ
制度 体制 組織

「全体として機能する構造」のこと。この意味が様々な訳語になる。様々な意味で用いられるが、良く使われる範囲内では可算名詞となることが多い。なお、「組織」というのはあくまで「全体として機能する構造」を指すのであって、「実体としての組織」を指すのではないことに注意。

重要

- 年功序列／終身雇用制度を取り入れる
  institute the seniority **system**/the lifetime employment **system**
  instituteは「(制度を)設ける」という意味である。

- 教育制度（システム）を充実させる
  improve the quality of the educational **system**

- ～する体制がない。
  There is no **system** for Ving ~.

- 免疫システム（組織）
  the immune **system**

■ information
/ ìnfəméɪʃən / ⓤ
情報

不可算名詞。「1つの情報」という様に数を表現するときに注意。

頻出

- 2つの情報
  two pieces of **information**
  不可算名詞を数える場合にはpieceが度々用いられる。

- たくさんの／少しの情報
  a lot of/ a little **information**

- ～についての正しい情報を探す／収集する
  look for/gather correct **information** about (on) ~
  that SV ~のかたちも用いられる。

- 情報源
  a source of **information**

- 情報を発信する
  send out **information**

113

■ age / éɪdʒ / Ⓤ Ⓒ
年齢

「年齢」「人生におけるある時期」は基本不可算名詞だが、「ある人の」など具体的にそれらのことを言うのであれば可算名詞。また、不可算名詞で「あることが合法になる年齢」も表す。

よくあるミス

- あなたくらいの年齢のときには、年相応の振る舞いをした。
  - × When I was at your age, I acted my age.
  - ○ When I was **your age**, I acted my **age**.

  at one's age は「(人)の年齢くらいの時には」という意味。when と共に使うと、「~のときに」が重複してしまう。

頻出

- ~歳の時に
  at the **age** of ~

- 中年/老年の人々
  people of middle/old **age**

  be in middle/old age(中年/老年である)に冠詞はつけない。

- 成人になる
  come of **age**

- 投票年齢を引き上げる/下げる
  raise/lower the voting **age**

＊「18歳以上の人」というときには people over 18 ではなく **people aged 18 or over** または **people over the age of 18** となる(aged は~歳のという意味の形容詞)。over はその数を含まない「より上」、under はその数を含まない「より下」とされることが多いため「以上」、「以下」は **or over/under** とすると良い。

■ million / míljən / ⓒ 形
百万 (＋ of ~ で)**数百万の、百万の**

意味上の注意点はないが、millions of ~ 以外ではmillionにするという原則は忘れないようにしよう。

よくあるミス

- 200万人の人々
  - × two millions people
  - ○ two **million** people

頻出

- 数百万の~
  millions of ~
  この原則はthousandなどにも当てはまる。便宜上「数百万」としているが、実はこれには注意が必要なため必ず下の発展欄を読むこと。

- 50万人の子供
  half a **million** children

＊ millions of ~ は「数百万の」と訳されるが、実はそうとは限らない場合がある。例えば、実際の数が5000万だとしてもmillions ofが使われることがある。というのも、ネイティブは「millionの範囲内で表されるもの（100万～10億の単位）に関してはmillions of で表しても問題ない」と考えていることが多いからだ。thousandsなどでも同じ考えとなるため、thousands of ~ となっているものの実体は「万単位」ということは多々ある。

■ health / hélθ / ⓤ
健康 健康な状態 衛生

「人の健康を維持するために策を講じる仕事」、という意味から「衛生」にもなる。また、「健康な状態」であることも表す。

頻出

- ヘルスケアを受ける／施す
  receive/provide **health** care ⓤ

- （人）の健康を保つ／害する
  maintain /damage one's **health**

- 心と体の健康
  mental and physical **health**
  決まり文句であるため、語順に注意。

- 公衆衛生の問題
  public **health** problems

116

■ means / míːnz / ©
手段 収入

　「何かをなすための手段」としての
meansは、単複同形の名詞。「入ってくる、
もしくは持っているお金」という意味から
「収入」「財力」といった訳にもなり、この場
合はいつでも複数扱いだ。

よくあるミス

- 〜するためのある手段がある
  - × have means to V 〜
  - ○ have **a means** of Ving 〜
  単数のときにはaを忘れずにつける。

- *例外として、**use any/every means to V** 〜というかたちではto V 〜とすることができる。意味としては「〜するために手段を選ばない」、「〜するためにどんな手段でもとる」となる。

頻出

- 効果的な手段で
  by effective **means**

- 〜のための/〜の手段
  a **means** to/ of 〜
  e.g) 表現の方法 a means of expression

- 収入の範囲内で
  within one's **means**
  beyond the means of 〜（〜の収入を超えて）も
  頻出。

- 〜するだけの財力がある
  have the **means** to V 〜

117

■ experience / ɪkspíəriəns / ©©
経験

　「経験した」と過去のことをいいたいとき、
安易に動詞のexperienceを使うと、「（自
分自身に影響を与えるような問題などを）
体験する」となり、本来いいたいことと違
うニュアンスになってしまう可能性がある。
そのため、experienceはできるだけ名詞で
使っていこう。名詞で使う場合、具体的な
経験は可算、「経験」全般や、「経験から得た
知識」は不可算名詞。

よくあるミス

- 〜という経験をしたことがある
  - × have an experience that SV 〜
  - ○ have an **experience** of Ving 〜

- たくさんの経験
  - × many experiences
  - ○ a lot of **experience**

例

- 素晴らしい経験をする
  get a valuable **experience**

- 過去の経験から言う/を活かす
  speak from/make use of one's past **experience**
  「経験から言う」は「過去の経験を踏まえた上で
  言う」という意味になる。experienceの経験か
  ら得た知識の意味となり、不可算名詞となる。経
  験上（in one's experience）も経験から得た知
  識に基づくことなので不可算名詞。

- *「経験した」と過去のことをいいたいときは、パラフレーズすることを意識しよう。「カヌーを体験した」は日本語で「カヌーをした」にいい換えた方が自然な英文となる。

■ population / pàpjuléɪʃən / ⓒ
人口 人の数

可算名詞。「1つの範囲の人口」、例えば「日本の人口」、は単数扱い。ただし、「アメリカと日本の人口」とするなら複数形。

頻出

- 人口密度の高い/低い国
  a country with a high/low **population** density
- 人口の増加
  population growth
- 日本の人口が増える/減る。
  The **population** of Japan increases/decreases.
- 日本の人口は多い/少ない。
  Japan has a large/small **population**.
- 生産年齢人口
  a working-age **population**

■ society / səsáɪəti / ⓤⓒ
社会

一般に「社会」といわれて想像するだろう「社会」は不可算名詞。「ある社会」と表現したい場合、one's societyのように特定できるときは可算名詞。

よくあるミス

- 日本社会
  × the Japanese society
  ○ Japanese **society**

頻出

- 人間社会
  human **society**
- 現代社会においては
  in modern **society**
- 社会の一員
  a member of **society**

120

■ oneself /wʌnsélf / 代
～自身　～自身で

「誰が」ということを強調するときに使われる。イディオムの暗記と使い分けを完璧にできるようにしよう。

比べてみよう

- たった一人で、独力で
  by **oneself**

- （自発的に、自分のために）1人で
  for **oneself**

- 自分がやった。
  I did it **myself**.
  通例、myselfは文末に置いて「自分自身が」というのを強調する。

頻出

- 自分を表現する
  express **oneself**

- 自分をどう見ているか
  how one see **oneself**

- 自問する
  ask **oneself**

121

■ sense / séns / Ⓒ Ⓤ
感覚　意味　センス

「感覚」、「意味」は可算名詞。「～な感じがする」のような漠然とした「感覚」や「センス」は必ず単数形。「センス」の意味では、「ものを理解する能力、判断する能力」という意味が「センス」と訳されているだけなので、日本語の「センス」と必ずしも一致しない。

注意

- 彼は服の/野球のセンスがある。
  - × He has a good sense of clothes
  - × He has a good sense of base-ball.
  - ○ He has a good **taste** in clothes.
  - ○ He **is good at** playing baseball.
  前者は日本語でいう「趣味が良い」、後者は単に「上手だ」といい換えている。

頻出

- 笑いのセンスがある
  have a **sense** of humor
  何かを判断する感覚の鋭さのこと。他にa sense of direction（方向感覚）も大切。

- 帰属意識を持つ
  have a **sense** of belonging
  「漠然とした感覚」のこと。a sense of achievementは達成感を意味する。

- この意味で
  in this **sense**

- ～の意味が通る、～は理解できる（うなずける）
  ~ make **sense**

■ nature / néɪtʃɚ / Ⓤ Ⓒ
(人間も含む)**自然 本質**

「人間を含む広い範囲の自然」を表すことが多い。「自然」の意味では基本的にtheはつけないこと。漠然と「(生来の)特徴」、「本質」というときは不可算名詞、「人やものの特徴や本質」は可算名詞。ものに使うときは必ず単数形というのもポイント。

* 「自然と共に生きる」、「たくさんの自然」のような「自然」の使い方は日本語特有のものであるため英語にすると意味が伝わらないことが多々ある。また書けたりしても、ネイティブが使わないような違和感のあるコロケーションになるだろう。必ず伝えたい内容がどういう意味なのか考えてから書くこと。

よくあるミス

- 自然を守る
  - △ conserve nature
  - ○ preserve **the (natural) environment**

  naturalをつけることで「自然」をより強調できる。

頻出

- 生まれながらにして

  by **nature**

- 問題の本質を理解する/明らかにする

  understand/clarify the **nature** of the problem

- (人)は～するような人ではない。

  It is not in one's **nature** to V～ .

  「人の本質、性格」をいいたいときはone's natureを使うことが多い。

- 本質的に異なる

  be different in **nature**

- 自然界に

  in **nature**

123
■ ability / əbíləti / Ⓤ Ⓒ
能力（能力の程度）

ability は able の名詞形と考えると良い（p.290）。そのため「～する能力」は the ability to V ～ となる。可算名詞、不可算名詞の区別は難しいが、「支払い能力」のように、実際にできることの意味なら可算名詞、能力の高低のような程度をいうなら可算名詞、不可算名詞どちらも使えると考える。

よくあるミス

• 彼女は魔法が使える
  - × She has the ability of doing magic.
  - ○ She has the ability **to do** magic.

• 彼らの支払い能力
  - × their abilities to pay
  - ○ their **ability** to pay

  能力自体は1つなので単数形にする。

頻出

• 高い/低い能力の人々
  people of high/low **ability**
  例えば「すべての能力を持つ」(of all abilities) ならば複数形。

• 生まれつきの能力
  the natural **ability**

• 知能を発達させる
  improve (one's) mental **ability**

＊「～としての能力」では ability は複数形。例えば「政治家としての能力」なら、様々な能力が必要なので、**abilities as a politician**。

124
■ knowledge / nάlɪdʒ / Ⓤ
知識

いつでも不可算名詞。数えたいときは a piece of knowledge となる。

よくあるミス

• ～についてのたくさんの知識を得る
  - × learn much knowledge on ～
  - ○ gain/get many pieces of **knowledge** of ～

  much を使わない理由については p.275 を参照。get より gain の方がフォーマルな表現となる。

頻出

• ～についての/の知識
  knowledge about / of ～

• 浅薄な/深い/少し知識を持つ
  have superficial/deep/a little **knowledge**

• (人)の知識を深める/増やす
  improve/increase one's **knowledge**

■ process / práses / ⓒ
過程 プロセス

日本語でよく使われる「プロセス」とほとんど同じ意味。ただし「プロセスを踏む」では違う表現を使う場合もある。processは一連の行動であるため、1つのプロセス内であれば行動の数がいくつだろうと単数で扱われることが多い。

よくあるミス

- 〜のプロセスを踏む
  - △ take a process of 〜
  - ○ go through a **procedure** of 〜

  この場合の「プロセス」は「1つひとつの手順」の意味。processを使うと「過程をたどる」になるため異なるニュアンスになる。

頻出

- 〜している最中である
  be in the **process** of Ving 〜

- 学習の過程
  the learning **process**

  engage in 〜（p.182）during 〜（p.277）と相性が良い。

- 〜の過程
  a **process** of 〜

＊「プロセスを踏む」は口語では、take a step towards Ving 〜となる。

■ technology
/ teknálədʒi / Ⓤⓒ
技術 テクノロジー

science and technology で「科学技術」。漠然とした「技術」では不可算名詞。個々の技術では可算名詞。ひとくちに「技術」といっても、主にコンピュータや科学に関するものである。

頻出

- 技術の進歩
  advances in **technology**

- 最新の/現代の技術
  the latest/modern **technology**

- 情報技術
  information **technology**

- その技術を〜に応用する
  apply the **technology** to 〜

127

■ business / bíznəs / Ⓤ Ⓒ
仕事　商売

　日本語の「ビジネス」と同じ使い方ができる語。そのため business school という表現も可能。漠然とした「仕事」や「業務」の意味では不可算名詞、「会社」は可算名詞。

よくあるミス

- 商売をする
  - × do a business
  - ○ do **business**

頻出

- ビジネスの世界に入る
  begin working in the **business** world

- 会社を経営する
  run a **business**

- ～が倒産する
  ～ go out of **business**
  go bankrupt もほとんど同義だが、go out of business と違い個人にも使われ、法的に認められる破産や倒産のことを表す。

- アメリカの建設業（建設のビジネス）
  the (American) **businesses** of constructing (in America)

- ビジネスパーソン/リーダー
  a **business** person/leader

128

■ difficulty / dífɪkʌlti / Ⓤ Ⓒ
難しさ　困難　問題点

　difficult の名詞形である。「難しさ」、「困難」を表すときは不可算名詞、「困難なこと」、「問題点」を表すときには可算名詞で原則複数形になる。「～難」と訳される場合もあり、これも原則複数形。

よくあるミス

- ～することが難しい
  - × have difficulties to V ～
  - ○ have **difficulty** Ving ～
  「難しさ」を表すため不可算名詞扱い。

頻出

- ～することが難しい
  have **difficulties** in Ving ～
  この場合は複数形にする。

- 多くの難題を持つ/解決する/に直面する
  have/overcome /face many **difficulties**

- 困難が伴う/ない
  with/without **difficulty**

- 財政難にある
  be in financial **difficulty**
  「～難」となるが、これは複数形ではなく不可算名詞になる。

- ～に難がある
  There are **difficulties** with ～
  ～ have **difficulties**

■ environment
/ ɪnváɪrənmənt / © Ⓤ
環境

日本語でいう森などの「自然」には environment を使う方が適していることが多い。nature を用いるときもあるが、「自然環境一般」にはこちらを用いる方が適しているだろう。漠然という「環境」は不可算名詞。

頻出

- 自然環境
  the (natural) **environment**

- 自然を汚す
  pollute the **environment**

- 環境に配慮する
  concern for the **environment**

- 労働/家庭環境
  the working/family **environment**

*「環境」と訳される語に surroundings があるが、これは「周囲を取り巻く環境」という意味である。surround (p.191) の名詞形と考えれば理解できるだろう。もしこの語を使いたいときは、ほとんどの場合 one's surroundings のかたちで使われること、複数として扱われることに注意。一方、environment は「（人に影響を与える）環境全般」を指して使われる。

■ reason / ríːzn / © Ⓤ
理由

「〜の理由」は **reason for** 〜 となる。「理由」という意味ではほとんどの場合可算名詞だが、漠然と「理由」を指して不可算名詞にもなる。

よくあるミス

- それを信じる理由
  × a reason of believing it
  ○ a **reason for** believing it

頻出

- 何らかの理由で
  for some **reason**

- なぜそれをしたかには3つの理由がある。
  There are three **reasons** why I did it.

- 安全上の理由で
  for safety **reasons**

*理由を列挙するときに、**for the following reasons**（以下の理由で）という表現がある。入試で意見を表明するときに用いるのは問題ないが、IELTS では「以下の」と読み手に指示を与える言い回しを毛嫌いする採点者もいるため注意が必要だ。

131

■ evidence /évɪədəns/ Ⓤ
証拠

「あることを示す証拠」。不可算名詞であることを意識すること。また、同格のthatを使って「〜という証拠」という使い方ができることも重要だ。

よくあるミス

- 1つの証拠
  - × an evidence
  - ○ a piece of **evidence**

頻出

- 〜の証拠がある
  have **evidence** of 〜
  for〜は「〜を示す(証明する)ための証拠」になる。

- Sが〜であるという証拠を集める
  gather **evidence** that SV 〜

- 〜するに足る確かな証拠がない。
  There is no convincing **evidence** to V 〜.
  to以下にはprosecute(起訴する)が入ることが多い。

- 明らかな証拠
  clear **evidence**
  evidenceはclearとreliable(信憑性の高い)と共に使われることが多い。ただし、trueとは相性が悪い。

132

■ individual /ɪndəvídʒuəl/ Ⓒ形
個人、個人の　個々の

「社会や他のものとは区別された」という含意をもつ「個人」。「個人的に」ではindividualは用いない。形容詞で用いるときは必ず名詞の前に置くこと。

頻出

- 個人個人
  each **individual**

- 個人の自由
  freedom of the **individual**
  このfreedomは不可算名詞。individual liberty Ⓤという表現もある。

- 個人の努力
  individual efforts

- 個人の権利を守る
  protect the rights of the **individual**

＊「個人的な考え」の「個人的な」にはpersonalが用いられる。しかし、「personalや、副詞で「個人的に」という意味であるpersonallyは意見を述べるときに書いてはならない」というIELTSの採点官もいる。というのも、「意見」という時点でそもそも個人に特有のものなので、わざわざ「個人的に」と前置きする必要はないからだ。

133

■ mind / máɪnd / Ⓤ Ⓒ
精神 心 知性

mind は思考や知性を働かせるものという意味から「心」や「精神」という訳になる。

頻出

• 彼らは頭が良い。
They have a clear **mind**.

• 気が変わった。
I changed my **mind**.

• ~を心にとめる
keep ~ in one's **mind**

• 人の心
the human **mind**

• 彼らの中では
in their **mind**

• 心身
mind and body
対句で冠詞がつかない。語順を覚えておこう。

＊「決心する」のイディオムとして **make up one's mind** が様々な単語帳で見られるが、これは実は口語的な表現である。英作文で「決める」という表現をしたいときは decide（p.24）を用いるのが一般的。

134

■ sleep / slíːp / Ⓤ Ⓒ 単
睡眠 睡眠している間

「睡眠（状態）」という意味では不可算、「睡眠している間」という意味では a を伴って単数として扱うことに注意。
動詞 sleep は p.19参照。

よくあるミス

• 浅い眠りをとる
  × have shallow sleep
  ○ have **a light** sleep
have がつくときは a を伴うと考えておこう。「深い睡眠を取る」も **have a deep sleep** だ。

頻出

• 眠る
go to **sleep**
睡眠状態に入るという意味のため不可算名詞。

• 睡眠の不足
lack of **sleep**
lack に冠詞は必要ない。頻出の定型表現。

• 十分な／いくらか睡眠をとる
get enough/some **sleep**

135

■ data / déɪtə / Ⓤ
データ(情報、事実)

「事実や情報」のこと。日本語では「データ」になる場合がほとんど。dataは常に複数かつ不可算の名詞だが、主語にする場合、動詞には単数を受けるものをとる特殊な語。a dataやdatasとしないように注意。

よくあるミス

- 一つのデータ
  - × a data
  - ○ a piece of **data**

- ～のデータ
  - × data of ~
  - ○ **data** on ~

頻出

- 大量のデータ
  large quantities of **data**

- 信憑性の高いデータを集める
  collect reliable **data**

- このデータはSが～ということを示唆／意味する。
  This **data** suggests/shows that SV ~.

＊実は、dataをareで受ける場合もなくはない。元々dataというのはdatumという単語の複数形である。現在でも明確な使い分けはされておらず、ネイティブの中でもdataを受ける動詞が複数形か単数形かは意見が割れるところである。頻度としては単数として扱うことが多いため、本書はそれに従って単数扱いとした。

136

■ skill / skíl / Ⓒ
技術(スキル)

「練習や経験によって身につけた技術」という意味。ほとんどが複数形となる。単数か複数かの判断は難しいため、確実に1つのスキルといえる場合以外は複数にする。

よくあるミス

- コミュニケーションスキルを使う
  - × use one's communication skill
  - ○ use one's communication **skills**
  コミュニケーションに必要な能力は1つではないはずだ。

頻出

- 言語能力を発展させる
  improve one's language **skills**

- 対人能力がある／ない
  have/lack people **skills**

- 英語力
  English **skills**
  英語力には読み書きなど様々な能力が含まれる。

- 新しい能力を身につける
  learn new **skills**

■ art / άət / Ⓤ Ⓒ
芸術 芸術作品 技術

「技術」の意味では、「何かをする、特に何かを生み出す技術」、「専門的な技術」を指して使う。自分の考えを彫刻や絵で表現すること、つまり「芸術」という意味、またその芸術から生み出されたものを集合的にいうときに「美術」となる。

よくあるミス

• ～が描いた絵
{ × an art by ~
{ ○ a **picture** by ~
artは集合的に芸術作品をいうが、一つの絵に対しては用いられない。

頻出

• 作品、美術作品
a work of **art**

• 近代芸術
modern **art**
「芸術」の意味では、前に形容詞が来るときは冠詞はつけないと考えると良い。

• 日本の芸術作品
the **art** of Japan
ofの後には場所や時代が来る。**art from Japan, Japanese art** なども可。

• 他人を説得する技術を持つ（コツを知っている）
be in skilled in the **art** of persuading others

■ question / kwéstʃən / Ⓒ Ⓤ
質問 問題 疑問（疑い）

「質問」という意味。また「（議論が求められるような）問題」、「疑問（疑い）」という意味も持つ。「質問」、「問題」の意味では可算名詞、「疑問」の意味では不可算名詞。

頻出

• 問題を提起する
raise a **question**

• 質問がある、質問したい
have a **question**
その質問をしたいという感情的な側面も加わる。

• この問題に対する答え
an answer to this **question**

• ～についての質問を（人）にする
ask sb a **question** about ~

• Sが～することに何の疑問もない。
There is no **question** that SV ~.

139

■ amount /əmáʊnt/ ⓒ
量

「時間、金、ものの量」を表す。「〜の量」といいたいときには〈the amount of＋不可算名詞〉を使う。このとき、動詞はisなど単数を受けるものを使う。「大量の水」のように「〜な量の（もの）」と言いたいときには、〈a＋形容詞＋amount of＋もの〉というかたちになる。

頻出

- エネルギーの量
  the **amount** of energy

- 多く／少しの量の金
  a large/a small **amount** of money

- ある程度の量の税金
  a certain **amount** of tax

- 量を増やす／減らす
  increase/reduce the **amount**

＊同じ「量」として表されるquantityⓒとの違いは、amountは「抽象的なもの、数えられないもの（e.g. 時間の量）」に用いることが多いのに対して、quantityは「具体的なもの、数えたり量ったりできるもの（e.g. 材料の量）」に用いるという点だ。そのためquantity ofの後には可算名詞も不可算名詞も来る。数えられるといっても数的な問題ではなく量的な問題である。

140

■ effort /éfət/ ⓒ Ⓤ
努力（労力）

主語が単数のときには必ずeffortのかたちにする。effortsを使ってしまうと「何度も何度も努力する」というニュアンスとなってしまう。

よくあるミス

- 彼女は多大な努力をした。
  - × She made a lot of efforts.
  - ○ She made a big **effort**.

  a lot ofでも構わないが、effortは単数にすること。

頻出

- 〜には大きな／少し努力が必要となる
  〜 take considerable/a little **effort**

- 〜するのに大変な努力が必要だ
  It takes a lot of **effort** to V 〜

- 〜する努力をしなかった
  made no **effort** to V 〜

- 容易に
  without **effort**
  effortlessly もほとんど同義。

- 緊密な関係を作り上げるのに時間と労力をかける
  put time and **effort** into building close relationships

■ side / sáɪd / ⒸＣ
面 側面 (単数形で)**味方**

「味方」という意味では基本的に単数形で用いる。また「側面」、「面」という意味も重要。

よくあるミス

- 月の裏側
  - × the back side of the moon
  - ○ the **other/dark side** of the moon

頻出

- 副作用を持つ
  have a **side** effect

- 机のふちに
  on the **side** of a desk

- （人）の味方をする
  take one's **side**

- （人）と協力して
  side by **side** with sb

- 地球の裏側（日本の反対側）
  the other **side** of the world (from Japan)
  the opposite side of the world でも問題はないが、この場合示せる幅が狭く正確に真反対となる。

＊なぜ「月の裏側」は the back side ではなく the other side of the moon なのだろうか。普通「裏側」というときは back side を用いる。しかし星に表と裏はない。ただ向こう側が見えないだけなのである。そのため、日本語では「裏側」というものの、英語では the other side of ~ となる。

■ paper / péɪpɚ / ⒰Ｃ
紙 論文

「紙」という意味では不可算名詞、「論文」、「新聞」という意味では可算名詞である。「新聞」は口語表現である。

よくあるミス

- 1枚の紙
  - × a paper
  - ○ a piece/a sheet of **paper**
  piece は様々な大きさ、種類の紙にも用いることができるが、sheet は規格の決まった紙に使われることが多い。

頻出

- 新聞に載る
  appear in a **paper**

- ~についての論文を書く
  write a **paper** on ~

- リサイクル紙
  recycled **paper** ⒰

＊「論文」というときに thesis Ｃが用いられることもある。paper との違いとしては、thesis は大学院で学位を得るための「修士論文」という意で、paper は「研究論文」一般に使うことができる。また、paper はアメリカ英語では生徒が書く「小論文」、「レポート」の意味で使われる。

143

■ memory / mémɔri / Ⓤ Ⓒ
記憶 思い出 記憶力

「思い出」よりも「記憶」としてよく使われる語。「記憶」は不可算名詞、「記憶力」、「思い出」では可算と覚えておくこと。漠然と「思い出」といいたいときには大抵複数形となる。また、同格のthatは続けられない。

よくあるミス

- ～という思い出
  - × a memory that SV ～
  - ○ a **memory** of ～

頻出

- 高校時代の思い出を振り返る
  look back at **memories** of my high school years
  このように単に「思い出」といいたい場合には複数形にすること。「ある思い出」なら a memory。

- （人）が～の記憶を失う
  lose one's **memory** of ～

- （人）の記憶に残る
  remain in one's **memory**

- 長期/短期記憶
  long-/short-term **memory**

＊「記憶力が良い/悪い」は、have a good/ bad memoryとされることが多いが、これは必ずしも正しいとはいえない。この英語表現の場合の「記憶力」はいわば暗記力（膨大な情報を集中して覚える力）を指すことが多い。したがって、長期的にその記憶力を保持しておけることも「記憶力が良い」と表す日本語とでは、ニュアンスに違いが生まれる可能性がある。そのため以下の表現を状況に応じて使い分けよう。

- 記憶力が良い/悪い（暗記に強い/弱い）
  have a good/ bad **memory**

- 記憶力が良い/悪い（良く覚えている/すぐ忘れる）
  have a long/short **memory**

■ risk / rísk / Ⓤ Ⓒ
危険 リスク

日本語で普段使われる「リスク」とは異なる部分もある。漠然としたものを指す場合には不可算名詞になることに注意を払いながら使うこと。

【頻出】

• リスクをとる
  take a **risk**
  通例単数になる。

• ～するのに高い/低いリスクをとる
  take the high/low **risk** of Ving ～
  There is a high/low risk of Ving ～もほとんど同義。

• (もの)は～のリスクを増やす/減らす
  Sth has an increased/a reduced **risk** of ～

• リスクを避ける
  avoid **risk**
  冠詞は不要。

* 日本語ではリスクは何かをするときに悪い結果になる可能性として用いられるが、英語では「危険」という意味で使われることも多い。以下はよく使われる表現だ。

• Sが～という危険がある
  There is a **risk** that SV ～

• ～に危険をもたらす
  pose a **risk** to ～

• 危険を伴う
  involve **risk**

■ production / prədʌ́kʃən / Ⓤ
生産 製造 生産高

不可算名詞で「製造」「生産」「生産高」という意味。product と同じように、工場で作られたものを指すことが多い(p.177)。

【頻出】

• 生産高の増加/減少
  an increase/a drop in **production**

• 食糧/農業生産量が増える
  food/agricultural **production** increases

• プラスチックの生産
  the **production** of plastic

146

■ consumption
/ kənsʌ́mpʃən /🔊
消費　消費量

productionの対になる語で、動詞との組み合わせにも互換性がある。productionに使われる表現をこちらでも使えるようになっておこう。

よくあるミス

- 日本の消費税が8パーセントから10%に上がる。
  - △ The consumption tax will rise to 10% from 8%.
  - ○ The **consumption** tax rate will rise from 8% to 10%.

頻出

- コーヒーの消費量
  consumption of coffee

- 高い/低い消費量
  high/low **consumption**

- エネルギー/カロリーの消費量
  energy/calorie **consumption**

＊よくあるミスを△としてるのは、「消費税」という言葉が上がっているのではなく、「消費税率」が上がっているため。アカデミックな領域の文章ではrateを伴うことが多い。とはいえ、ネイティブによっては「rateをつける必要はない」という意見もある。

147

■ type / táɪp /©
種類　タイプ　型

可算名詞として使うことが多い。日本語の「〜なタイプの人」の「タイプ」と同じ意味もあるがこれは確証をもてるとき以外は使わない。もし使うのであれば、単数形にすることを意識。

よくあるミス

- 彼は気難しいタイプの人だ。
  - × He is a complicated type person.
  - ○ He is **complicated**.

  〜 type of person という表現はあるがfavorite type(好きなタイプ)以外で使うと、コロケーションが分からない日本人ではミスをすることが多い。

頻出

- 彼らは〜をするタイプではない
  They are not the **type** to V 〜
  この場合は常に単数。

- 新しいタイプのバッテリー
  a new **type** of battery
  ofの後は、あるものの総称を表す場合は単数形になるが、ほとんどが複数形。different(異なる)、the same(同じ)などとも相性が良い。

- スポーティーなタイプ
  the sporty **type**

■ experiment

/ ekspérəmənt / Ⓤ Ⓒ

実験（実験をすること）

「実験をすること」の意味では不可算名詞、「実験」の意味では可算名詞。「実地で行うもの」や、「動物実験」も含まれる。

よくあるミス

- 実験をする
  - { × make an experiment
  - { ○ do/conduct an **experiment**
  - conductはフォーマルな表現。

頻出

- ～についての/～を用いた実験
  an **experiment** on/with ～

- ある実験で、
  In one **experiment**,

- ～を発見するための実験
  an **experiment** to find out ～

- 動物実験
  animal **experiments**

- 実地の実験
  a field **experiment**

■ aspect / æspekt / Ⓒ
側面

ある特定の視点から見た面、つまり「側面」を可算名詞で表す。試験では「家の側面」など物理的な側面よりも、「ものごとの側面」の意味でも使われることを知っておこう。

よくあるミス

- 私の仕事の1つ
  - { × one of my work
  - { ○ an **aspect**/a part of my work
  - 「仕事」の意味でのworkは不可算名詞。

頻出

- プラス/マイナスの側面
  a positive/negative **aspect**

- 社会のあらゆる面で
  in all **aspects** of society

- 異なる面を勘案する
  consider different **aspects**

- ～のあらゆる重要な面をカバーする
  cover all important **aspects** of ～

150

■ benefit / bénəfit / Ⓒ Ⓤ
利益 （失業者や貧しい人への）**補助金**

　具体的にいうときは可算名詞、漠然という「利益」の場合は不可算名詞。また、「補助金」という意味もあることに注意。

よくあるミス

- ~はあなたに多大な利益をもたらす
  - × ~ be great benefits to you
  - ○ ~ be **of great benefit to** you

頻出

- グローバル化の利益
  a **benefit** of globalization
- ~という利益を持つ
  have the **benefit** of ~
- ~という利益をもたらす
  provide **benefits** of ~
- 健康上の利益
  health **benefits**
- 子供手当
  child **benefit** Ⓤ

151

■ welfare / wélfèə / Ⓤ
福祉　生活保護　補助金

　「福祉」という意味ばかりで用いられがちだが、「(誰かの)健康と幸福」や「生活保護」、「補助金」という意味にもなる。

よくあるミス

- 子供の健康と幸福
  - × children's welfares
  - ○ child **welfare**
  不可算名詞であることを忘れないように。

頻出

- 社会福祉を受ける
  receive social **welfare**
- 生活保護を受けている
  be on **welfare**
- 公共の福祉
  public **welfare**
- 日本の福祉を充実させる
  improve the **welfare** system in Japan

* welfare も benefit も「補助金」という意味で用いられるが、前者は主にアメリカ英語で、後者はイギリス英語で用いられる。

■ quality / kwάləti / Ⓤ Ⓒ
質 (人の)特質 高品質

実はqualityは不可算名詞にも可算名詞にもなる。「質」という意味であるが「～の質」(**the quality of** ~)以外にも様々な語法がある。qualityだけで「高品質」という意味もあるが、使える状況が限られていることに注意。

よくあるミス

- AとBの品質
  - { × the quality of A and B
  - { ○ the **qualities** of A and B

この語法を使うときは細心の注意が必要。qualitiesを使う場合は比べるもの同士が同じクオリティの水準であり「両方とも素晴らしい」というようにしなければいけないというネイティブが多いためだ。

頻出

- 高い/低い質のスマートフォン
  a high-/low-**quality** smartphone

- リーダーの資質
  leadership **qualities**

- 空気の質を上げる、空気を綺麗にする
  improve air **quality**

- 生活の質が下がる/上がる
  The **quality** of life goes down/up

- 高品質のビール
  beers of **quality** Ⓤ

quality beersもほとんど同義。

■ field / fíːld / Ⓒ
野 分野 (通例複数形) 畑

日本語でいう「競技場」という意味以外にも「分野」という意味でも使えるようになっておこう。なお、「野原」という表現では複数形にすることが多い。

頻出

- 心理学の領域では
  in the **field** of psychology

- コメ/小麦の畑
  a rice/wheat **field**

- 陸上のフィールド
  a track **field**

- ～の領域では門外漢だ
  be outside of the **field** of ~

154

■ success / səksés / Ⓤ Ⓒ
成功

　基本的に不可算名詞だが、まれにa successとなることもある。これは現在形で、かつ特定の一つのものというかなり限定的なものを表すときに使う。

よくあるミス

・彼女の新作映画は大変な成功を収めた。
- × Her new movie made a lot of successes.
- ○ Her new movie enjoyed a lot of **success**.

successがあっているか分からない時には、Her new movie was successful. とする。

頻出

・〜で/することで大きく成功する
have considerable **success** in/ Ving 〜

・その会社の成功
success of the company

・ビジネスにおいて成功する良いチャンス（勝算）がある
have a good chance of **success** in one's business

There is no chance of success. （成功のチャンスはない）も定型表現として覚えておこう。

155

■ news / njúːz / Ⓤ
知らせ ニュース

　不可算名詞でありnewsesとはいえないことに注意。また単に「ニュース」というよりも「知らせ」というニュアンスに近い場合もある。

よくあるミス

・たくさんのニュース
- × many news
- ○ many items of **news**

頻出

・Sが〜というニュースを耳にする
hear the **news** that SV 〜

・テレビのニュース
television **news**

・最新の知らせを触れ回る
spread the latest **news**

・1つの知らせ
a piece of **news**

・ニュースの見出し
a **news** headline

* **be on the news**と**be in the news**という表現がある。これらの違いを簡単に述べると、onは「報道されている」、inは「報道され議論を呼んでいる」となる。

■ community
/kəmjúːnəti/ ⓒ
共同体 社会 集団

いくつか集団があったとしても集合的に捉えて単数として扱うことがある。例えば「インドの日本人社会」という場合、インドに日本人社会はたくさんあるだろうが、総称して **the Japanese community in India** となることがある。

よくあるミス

- 国際社会
  { △ global society
  { ○ the **international community**
  global society/community や international society が間違いとはいえない。しかし、コーパスで調べてみると、どれも the international community の10分の1以下の頻度しかない。

頻出

- ある集団のメンバー
  members of a **community**

- 民族社会
  an ethnic **community**

- 緊密な関係の/大きな/小さな社会
  a close-knit/large/small **community**

- 子供は社会が育てる。
  Children are brought up by a **community**.

＊local community で「地方社会」を表すことがあるが、「地方社会」というときは local をつけずに community だけの方が良い。詳しい説明については local (p.269) 参照。

■ law / lɔ́ː / ⓒ ⓤ
法 法律

一般的に法律を表す語。「法律」というもの自体をいうなら不可算名詞、個々の法律は可算名詞である。

よくあるミス

- 商法というものは〜
  { × Commercial laws are 〜
  { ○ Commercial **law** is 〜
  「日本の商法」など具体的なものには冠詞や所有格が必要となる。

頻出

- 〜の法律を施行する
  enforce the **law** of 〜

- 〜は法律によって禁止される
  〜 be prohibited by **law**

- 〜の法に従う
  obey a **law** on 〜

- 〜を禁止する法を破る
  break a **law** against 〜

- 日本の法律下では
  under Japanese **law**
  「ある法律の下」の場合は可算名詞となる。

158

media / míːdiə / ©
メディア

元は medium（手段）という語の複数形である。「情報を伝える手段」から派生して「メディア」という意味が生まれた。現在は media という単語として独立して使われており、単数扱いのときも複数扱いのときもある。

頻出

- マスメディア
  the mass **media**
- ～がメディアの注目を集める
  ~ receive **media** attention
- ソーシャルメディア
  social **media**

＊「メディア」といいたい場合は **the media** となる。動詞を単数で受けるか複数で受けるか不安なときは、テレビ業界などある1つの業界をまとめていうとき、もしくは「メディア」と総称していうとき（the media）以外では複数で受けると覚えておこう。

159

stay / stéɪ / Ⓤ©
滞在

単数形で用いることに注意。

頻出

- 長い/短い滞在
  a long/short **stay**
- 良い滞在となる
  have a pleasant **stay**
- 私が～に滞在する間
  during my **stay** in ~
- 彼は～での滞在を延長した。
  He extended his **stay** in ~.

program / próʊɡræm / ©
プログラム　計画（カリキュラム）

「プログラム」、「番組」以外に「計画」、またアメリカ英語で「大雑把な授業のカリキュラム」を指す。

よくあるミス

• 教育のカリキュラム
  - △ the education curriculum
  - ○ the education **program**

curriculumはカリキュラムにどのような内容が含まれているか、どのように授業が行われるかという細かい部分を重視する。programでは「カリキュラムの大綱」を示す。

頻出

• テレビ番組
  a television **program**

• 〜する開発／経済／建設計画がある
  have a development/economic/building **program** to V 〜

• 計画を実行する
  carry out a **program**

• 交換留学プログラム
  an exchange **program**

range / réɪndʒ / ©
幅　範囲

単数形で用いること。もちろん特定のものはthe、不特定はaという冠詞の区別があるが、区別が難しいときには確信の持てる表現を使うか、もしくはaを使うようにしよう。なお、物理的なものの幅はwidth。

よくあるミス

• 幅広い／狭い知識
  - × wide/small ranges of knowledge
  - ○ a wide/narrow **range** of knowledge

頻出

• 価格の幅
  the price **range**
  他に年齢（age）なども使われる。

• 普通の範囲内で
  within a normal **range**

• AからBの範囲内のもの
  sth in the **range** of A to B

• 限られた範囲の情報
  a limited **range** of information

162

■ relationship
/rɪléɪʃənʃɪp/ⒸⓊ
関係

「人と人との関係」、また「もの同士の何かしらの関係」という意味になる。relations（関係）よりも使われる頻度が高い。

頻出

- 彼らの間の/との関係
  a **relationship** between/with them
  betweenの使用には注意を払う必要がある。詳しくはp.275 を参照。

- 原因と結果の関係
  the **relationship** between cause and effect

- ～と長期的な関係を持つ/築く
  have/develop (build) a long term **relationship** with ~

- 親密な関係を維持する
  maintain a close **relationship**

＊relationsは、実際にはかなり限定的かつフォーマルな語でめったに使われない。**international relations**（国際関係）は覚えておくべきだが、使い方がはっきり分からないときは使用を避けよう。また **relationship to~**（～との関係）という表現は親族関係以外で使われることは少ない。

163

■ rest/rést/ⒸⓊ
残り

ここでは「休憩」という意味の用法は説明を省いて、theを伴って表される「残り」という意味にの用法を解説する。「残り」の内容が複数を指す場合は複数扱い、不可算名詞を指す場合は単数扱いとなる。

よくあるミス

- 彼らのうち残りの人が～
  - × The rest of them is ~
  - ○ The **rest** of them are ~

頻出

- （自国や自分の地域を除いた）全世界から/で
  from/in the **rest** of the world

- 余生を～して過ごす
  spend the **rest** of one's life Ving ~

＊「彼とその家族」という場合の表現はhe and his family である。彼とその他の家族なのでhe and the rest of his family だと思ったかもしれない。確かにそのような表現はあるが、あまり自然な表現ではないため使わない方が良い。

■ interest / íntərəst / Ⓤ Ⓒ
興味 利益 利息

「興味」「関心」…可算名詞、不可算名詞。

「興味の対象」「利益」「利害」…複数形。

「利息」「気になること」…不可算名詞。

　上記の使い分けを認識し、用例ごとに覚えよう。

よくあるミス

・~にはたくさん面白い(興味深い)ところがある
　{ × There are a lot of interests in ~
　{ ○ There is a lot of **interest** in ~
「興味」ではなく「気になること(ところ)」なので不可算名詞になる。

頻出

・自分自身の利益を守る
　protect one's own **interests**

・~に利益(最高なもの)となって
　in the **interests** of~
　~の後は人ではなく **safety**(安全性)、**efficiency**
　(効率)などが来る。

・~にかかる利息
　the **interest** on ~

・~に興味を示す/がある
　show/have an **interest** in ~
　「興味がない」ならば show/have no interest、「失う」は lose。

■ resource / rí:sɔə̀s / Ⓒ
資源

　ほとんどが「資源」の意味で用いられる。これは「人的資源」も含む。「資源」の意味ではほとんどが resources になるが、具体的な資源名を出して一種類の資源だと分かるときは単数形となる。

よくあるミス

・バイオマスは再生可能資源である。
　{ × Biomass are recyclable
　{ 　resources.
　{ ○ Biomass is a **renewable**
　{ 　**resource**.
　renewable resource(s) は定型表現。日本語の「再生可能資源」と合致する。

頻出

・天然資源を使う
　use/exploit natural **resources**

・財源がたくさんある
　be rich in financial **resources**

・限られた人的資源しかない/を無駄にする
　have/waste limited human
　resources

＊「資源を使う」という意味で use/exploit を示したが、実は両者のニュアンスは異なる。use は単に「利用する」という意味だが、exploit は「経済発展のために利用する」という意味で、さらに「その利用が別の側面から見て悪いものである」という含意がある。

166

■ **access** / ǽkses / Ⓤ
（入るための）**権利　方法**

日本語では「アクセスする」と動詞のように も使われるが、基本的に不可算の名詞 だ。意味はほとんどの場合がどこかに入る、 行くための「権利」、「方法」、「道」である。

よくあるミス

• 学校への道
  ⎧ × an access to the school
  ⎩ ○ **access** to the school

頻出

• ～にアクセスできる
  have **access** to ~
  「できない」は have no access to ~. この表現は、 a computer, information と共に使われることが 多い。

• 都市へのアクセスが良い村
  a village with easy **access** to a city

• 教育を受ける機会（権利）
  access to education

＊実は access が可算名詞として用いられ ることもあるが、ごく稀であり、ネイティ ブですら an access という表現を知らな い人もいる。英英辞書を見ても不可算名 詞として載っている。可算名詞であると 確信を持てるとき以外では不可算名詞と して用いよう。

167

■ **price** / práɪs / Ⓒ Ⓤ
値段　対価

あくまでものの値段に使われ、サービス （e.g. タクシーの代金）の価格には使えない。 「（値段が）上がる、下がる」は increase/ decrease で問題ない。また、単数形で「対 価」という意味になる。

よくあるミス

• 携帯の値段は高い/安い。
  ⎧ × The price of a cellphone is expensive/cheap.
  ⎩ ○ The **price** of a cellphone is high/low.

頻出

• ～の代償を払う
  pay a **price** for ~

• 燃料の値段が上がり/下がり続ける
  The **price** of fuel keeps going up/ down.

• 石油/食べ物の値段
  oil/food **prices**

＊「～の値段」を表す語には price of/for が ある。この区別を見ていこう。
  price of ~…price は単数形でも複数形 でも構わない。単に「～の値段」という意 味。

  price for ~…price は単数形のみ。「（買 い手が）適正価格だと思っておらず、払 いたくない感情」が込められている場合 がある。

■ variety / vəráɪəti / ⓒⓤ
多様性(a ~ ofで)**様々な 種類**

「多様性」という意味では常に不可算名詞だ。しかし、より使われているのは「様々な」(a variety of ~)、「種類」といった意味だろう。「種類」は動物や植物などの生物に限られること、「様々な」の意味ではofの後に集合名詞、もしくは複数形しか来ないことに注意。

よくあるミス
・様々な植物
  - × many varieties of plants
  - ○ a wide **variety** of plants

頻出
・地域の多様性が失われる可能性がある。
Regional **variety** may disappear.

・100種類／たくさんの種類の米
100/many **varieties** of rice

・豊富な種類の異なる言語
a rich **variety** of different languages

＊ variety も diversity (p.228) も「多様性」という意味を持つ。variety は「1つのカテゴリーの中で種類が多様になっている」イメージ。diversity は「カテゴリー自体が多様になっている」イメージ。ちなみに「多様性」の意味では diversity が用いられることの方が多い。

■ total / tóʊtl / ⓒ形
合計(総計)、**完全な 総~**

可算名詞だが複数となることはほとんどない。「合計で~」は total of ~ のかたちになり、不特定の場合はa、特定可能な場合はthe を使う。ただし a total of ~ では、of以下に数が来ると「~の合計」もしくは「合計~」の意味にもなる。形容詞の用法もあり、「総重量」などに使われる「総~」の意味や「完全な」の意味を持つ。

よくあるミス
・合計5人の人々が~
  - × a total of five people is ~
  - ○ a **total** of five people are ~
five people が複数のため複数の動詞で受ける。

頻出
・中国の全人口
the **total** population of China

・~の総重量／総量／総数
the **total** weight/amount/number of ~

・完全に真っ暗な中で
in **total** darkness

＊ complete も同じく「完全な」と訳されるが、これは「何も欠けることなく完全無欠」という意味である。なぜ「完全に真っ暗」がcompleteではないかは、「何も欠けることなく真っ暗」という日本語訳のおかしさを考えると、in complete darkness とはいわないことが分かる。

170

■ conversation
/kɑ̀nvɚséɪʃən/ Ⓤ Ⓒ
会話

具体的な「会話」は可算名詞、漠然とした「会話」は不可算名詞。conversationは日常的な砕けた会話のことを指すので、状況によっては不適切なこともある。

よくあるミス

- 英語で日常会話をできる
  - × can do daily conversation of English
  - ○ can use English for daily **conversation**

頻出

- 彼と~についての会話が弾む
  have a lively **conversation** about ~ with him

- （画面や電話越しではなく）実際に顔を合わせてする会話
  a face-to-face **conversation**

- 少し話す/長話をする
  have a short/long **conversation**
  make conversationという表現は「話題を作って会話をする」という意味にとられかねない。

171

■ internet /ínṭɚnet/ Ⓤ
インターネット

基本的にthe internetというかたちで使うこと。イディオムを効果的に使えるとライティングにおいてかなり有利。

よくあるミス

- インターネットで出会う
  - × meet by the internet
  - ○ meet **on** the **internet**

頻出

- ネットサーフィンをする
  surf the **internet**

- インターネットにアクセスする
  connect to the **internet**

■ computer / kəmpjúːtɚ / ⓒ
コンピュータ

「情報を扱う電子機器」の意味。パソコンだけでなくコンピュータ全般を表す。日本語では主にパソコンの意味で使われるが、厳密にいうと英語では personal computer (PC) である。

よくあるミス

- コンピュータを使って
  - △ by using a computer
  - × by computer
  - O with a **computer**

  by using でも間違いではないがこなれた表現とは言えずかなり冗長な言い方。by computer は使わない。

よくあるミス

- コンピュータに
  on **computer**
- （情報などを）コンピュータに保存しておく
  store sth on a **computer**
- コンピュータをつける/消す
  switch a **computer** on/off

＊現代ではパソコンというとノートパソコンを指すこともある。そのため、「ノートパソコン」を意味する laptop ⓒ が用いられる場合もある。

■ volunteer / vὰləntíɚ / ⓒ
ボランティア

英語の volunteer は「ボランティアをする人」でありボランティア活動のことではない。日本語で「ボランティアをする人」の他に「助けてくれる人」という意味にもなる。

よくあるミス

- ボランティアをする
  - × do (a) volunteer(s)
  - O do **volunteer** work

  work につくので不可算名詞扱い。work は p.118 参照。

重要

- ~を進んでやってくれる人
  a **volunteer** to V ~
  「あることに助けが必要な中でそれをやってくれる人」という意味。

- ボランティアとして
  as a **volunteer**

- ~するボランティア活動
  a **volunteer** activity for Ving ~
  for の後ろには普通の名詞をおくこともあるが、ライティング試験で使うのはコロケーションがわからない場合も多いため、難しいかもしれない。

174
■ book / bók / ⓒ
本

ここでは頻出の訳語の中で迷う可能性の
あるものを挙げていく。

頻出

- 〜の/〜についての紙の本
  a printed **book** on/about 〜
  「本」といえば普通は「紙の本」を指すが、e-book
  と対比させたいときにはprintedを用いる。この
  場合の「の(on)」は「アイドルの本」などの「の」。
  「(著者)の」ではない。

- Aの原稿を製本する(著者がA)
  bind a **book** by A
  「書くこと」と「製本する」ことは別。

175
■ currency / kə́ːrənsi / ⓤⓒ
通貨

漠然と「通貨」といいたい場合は不可算
名詞、具体的な通貨を指したいときには可
算名詞。moneyとの区別はしっかりつけ
ておく。通貨はあくまでどこかが発行して
いるお金の種類のこと。

よくあるミス

- 硬貨
  ｛ × hard currency
  ｛ ○ **coin**
  hard currency、また hard money は全く意味が
  違う表現。ちなみに「紙幣」は paper money や
  note ⓒ で表す。

頻出

- 仮想通貨
  virtual **currency**/money

- 外貨を〜に両替する
  convert/exchange a foreign
  currency for 〜

- ある地域で使われている通貨
  the local **currency**
  例えば日本の local currency は円である。ある
  組織や地域、主に国で使われる通貨のことをいう。

- 通貨危機
  a **currency** crisis

■ advantage
/ ədvǽntɪdʒ / Ⓤ Ⓒ
優位性 良いところ

英語では「優位性」という意味が大切だが、分かりにくいため日本語の「アドバンテージ」と同じ意味であると考えてしまって良い。可算名詞、不可算名詞の区別はあるが、あまりに難しく、ここで説明するのは不可能。使う表現はたいてい決まっているので下記表現で覚えよう。

〔頻出〕

• (何かをなすために)~を(最大限に)利用する
  take (full) **advantage** of ~
  この用法では不可算名詞。人に用いると「人を利用する」となるため用いないこと。相性が良いのはopportunity(p.214)。

• 大きな利点を持つ
  have a big **advantage**
  この意味では可算名詞。

• (もの)が~にとってアドバンテージとなる。
  Sth give ~ an **advantage**.

• ~の良いところは
  The **advantage**(s) of ~ is/are
  このadvantageは可算名詞。

• ~に対する確かな優位性(アドバンテージ)を得る
  get a distinct **advantage** over ~
  ここでは可算名詞と覚えて良い。

■ disadvantage
/ dɪsədvǽntɪdʒ / Ⓤ Ⓒ
不利 欠点

原義は「不利であること」だが、それを理解しても使いこなすのは難しい。意味としては可算名詞で「不利な状況」や「欠点(悪い点)」が重要。ほとんどがこの意味での表現になる。advantageと同じく可算名詞不可算名詞の区別が難しいため、定型表現で覚える方が良い。

〔頻出〕

• 就職において不利な状況にある
  be at a **disadvantage** in employment
  この意味では可算名詞で、ほとんどがat a disadvantageのかたちになる。

• ~の主な欠点
  the main **disadvantage** of ~
  可算名詞。serious(深刻な)、added(更なる)と相性が良い。serious以外ではadvantageと互換性がある。

* disadvantageは便宜上「欠点」と訳しているが元の意味はあくまで「不利なこと」だ。例えば「貧困」は欠点ではないが不利になる可能性を持つものだろう。そのためdisadvantage of ~ は「~という/~の不利(な点)」と訳されることもあるのだ。また、基本的には可算名詞となるが、「経済的な不利益(不利)」の場合はeconomic disadvantage Ⓤ となる。「不利な点」と訳せるものは不可算名詞と考える。

178

■ size / sáɪz / Ⓤ Ⓒ
大きさ (規模、寸法)

　「大きさ」の意味では漠然としたもので
は不可算名詞、具体的なものの場合には可
算名詞。また服や靴など規格があるもの、
体の一部分(ウエストのサイズなど)では可
算名詞となる。

よくあるミス

- ～と同じ大きさを持つ
  - × have the same size as ~
  - ○ be the same **size** as ~

頻出

- 市場の規模を広げる
  expand the **size** of the market

- ～の2倍の大きさになる
  grow to twice the **size** of ~
  grow は increase に近く、これらの表現も「～に
  まで成長する」という意味。「小さくなって～に
  なる」場合は decrease to ~。

- 異なるかたちと大きさ
  different shapes and **sizes**

＊take the size of ~で「～の大きさを測
　る」の意味になると覚えているかもしれ
　ないが、コーパスやネイティブの使用頻
　度は高くない。

179

■ measure / méʒɚ / Ⓒ 他 自
対策　手段、計測する　判断する

　名詞では、「問題に対する行動」という意
味から「対策」「処置」「手段」といった訳語
になる。動詞では、「規格を用いながらもの
の距離や大きさ、量などを計測すること」や、
「ものの真価や本質を判断すること」を
いう。また、後者から「評価する」という意味にな
る。

よくあるミス

- 脈を測る
  - × measure a pulse
  - ○ **take** a pulse
  脈はある規格を用いて測るものではない。ちな
  みに「熱を測る」も take one's temperature と
  なる。

頻出

- ～するために/～に対して適切な対策を取る
  take an appropriate **measure** to V
  /against ~
  drastic(抜本的な)なども頻出。

- 人の能力を評価する
  measure one's ability

- ～の量を量る
  measure the amount of~
  また、この表現を用いなくてもものをそのまま目
  的語にとり「～を測る」にはなるが、主に「サイズ
  を測る」の意味でしか使われない。

■ order /ɔ́ːrdər/ Ⓤ Ⓒ 他
instruction /ɪnstrʌ́kʃən/ Ⓒ
秩序　指示（instruction）、指示する　命令する

名詞orderで特に重要なのは、不可算名詞となる「（ある相互関係によって並べられた）順序」、「秩序」という意味だ。可算名詞では「（上から下に与えられる）指令、命令」となる。類義語で「命令」や「指示」の意味を持つinstructionには上から下というニュアンスはない。動詞では「指示する」「命令する」といった意味が重要。

よくあるミス

・指示に従う
- △ follow an instruction
- ○ obey/follow **orders**
- ○ follow **instructions**

「問題の指示」、「係員の指示」など、ほとんどの「指示」はinstructionになる。複数形になっている理由は後述。

頻出

・正しい順序で~を並べる
arrange ~ in the right **order**
in orderは「（計画通りに）次々と」の意味になる。

・~するように指示を与える/受ける
give/receive an **order/instructions** to V ~

・（人）の指示に従って
on one's **orders/instructions**
「~の指示によって」となるなら by order of ~。

・指示を仰ぐ
ask for **orders/instructions**

・秩序を保つ
maintain **order**

・（人）に~するように指示する
order sb to V ~
that SV ~ もよく用いられる。

＊order（instruction）は複数形であることが多い。指示の内容がただ「あれをやれ」という1つの動作で完了するものではなく、様々な要素で成り立っているため、と考えておくと良い。本書では単数形になる確率が高いものは単数形、それ以外は複数形としている。もし使い分けに困った場合は、「具体的な1つの指示」の場合は単数、単純に「指示」（e.g. 誰かの指示）の場合は複数形にすること。

181

■ fear / fíɚ / Ⓤ Ⓒ
恐怖 恐れ （何か悪いことが起きる）**心配**

　「何か悪いことが起こるかもしれない」ということに対する「恐れ」、「心配（懸念）」をいう。基本は不可算名詞か単数形だが、恐怖の対象が複数形になる場合、また「心配」のように単純な恐怖以外の感情がある場合には複数形になることがある。「恐れ」は何か悪いことが起きるかもしれない可能性、つまり「恐れがある」の「恐れ」の意味であり、fearsのかたちになることが多い。

＊for fear that SV ~ は「Sが～するを恐れて」、「Sが～しないように」という表現だが、ライティングではあまり使われない。

よくあるミス

・ ~に恐怖を感じる
　{ × feel/have fear of ~
　{ ○ be **afraid** of ~
　頻出の成句だ。一方、「恐怖を感じない」というときには have no fear of ~ の表現がある。

頻出

・ 仕事を失う恐怖を克服する
　overcome one's **fear** of losing their job

・ ~を恐れて/恐れず
　for **fear** of ~
　without **fear** (of ~)

・ おびえて
　in **fear**

・ ~を心配する
　have **fears** for ~
　one's safety（安否）などと相性が良い。

・ ~の恐れ（心配）はない
　There is no **fear** of ~

cost /kɔ́:st/

費用　損失、かかる

「何かをする（作る、買う）のにかかる費用」。Ving ~ とは相性がかなり良い。「値段」という意味もあり、特に「サービスの値段」にはcostを用いる。ただし値段といっても具体的な数字は出さないことが多い。また、何かをなす上での「犠牲」や「損失」という意味も持つ。この意味ではほとんどが the cost のかたちで用いられる。動詞の意味も重要で、受動態にならず、もの、ことを主語にとり、「（金額が）かかる」や「（時間や労力などを）要する（犠牲にする、奪う）」といった意味になる。

よくあるミス

・結婚式の費用を払う
- × pay the price of a wedding
- ○ cover the **cost** of a wedding

サービスにはcostを使う。

頻出

・生活費がかかる/かからない
the **cost** of living is high/low
このように具体的な値段を表すよりも高低を示すことの方が多い。なお high/low-cost というかたちも存在するが、これは「コストのかかる/かからない」という形容詞である。

・（会社やものなどを維持するのにかかる）費用を削減する
cut **costs**
「何かを運営（維持）するコスト」は複数形にする。継続的にかかるものは複数形になるのだ。そのため、operating costs（運営費）、labor costs（人件費）も複数形になる。

・その活動がもたらす犠牲
the **cost** of the activity
犠牲の意味で複数形とするのは at all costs（いかなる犠牲を払おうとも/どれだけ費用がかかろうとも）のときだけ。

・（人）に~（金、労力、時間）を費やさせる
（人）に~を犠牲にさせる
cost sb ~
主語はものやこと。

＊自動詞のcostもあるが、この場合で頻出の cost a lot（費用がたくさんかかる）という表現は、口語的なため、ライティングにおいては用いない方が良い。ただし、費用を聞きたいとき（e.g. How much do they cost?）などでは自動詞になる。

183
■ **traffic** / trǽfɪk / Ⓤ形
交通　交通量

「車の行きかい、電車や飛行機の移動」という意味。特に「車の行きかい」に関することを指す場合が多い。自然な訳語にすると「交通（往来）」となる。またしばしば「交通量」の意味でも使われる。形容詞で「交通の」となるが、これは形容詞として覚えるよりも個々の表現別に覚えた方が良い。

よくあるミス

• （場所の）交通の便が良い
{ × be good in traffic service
{ ○ be easily **accessible**

• 多い/少ない交通量
{ × heavy/light traffic
{ ○ many/few **traffics**

• 渋滞にはまる/を避ける
{ △ get caught in/avoid a traffic jam
{ ○ get caught in/avoid a **traffic**
表現としては後者の方が自然。

頻出

• 交通事故に巻き込まれる
be involved in a **traffic** accident/an accident

• 道に車が少ない。
There is not much **traffic** on the road.

• 信号
a **traffic** light

184
■ **problem** / prάbləm / Ⓒ
問題

「面倒や困難を生み出す問題で、解決策（solution）とセットで想定されるもの」をいう。「解決されるべき問題」といった方が分かりやすいだろう。「試験などで問われる問題」にも使われる。

よくあるミス

• 重要（重大）な問題
{ △ an important problem
{ ○ a **serious problem**
「重大」というニュアンスがある場合はseriousの方が良いだろう。

• （試験などの）問題に答える（解く）
{ × answer a problem
{ ○ solve a **problem**
answerと相性が良いのはquestion（p.86）。

頻出

• ～の/～に関しての問題
a **problem** of /with ～
ofは「ある特定の問題」、withは「～に関する」、または「～にともなう問題」。

• 小さな問題を提起する
pose a minor **problem**

• ～という問題を引き起こす
cause/create a **problem** of ～

• 問題に取り組む
tackle the **problem**

• 問題を解決する
solve the **problem**

■ talent /tǽlənt/ Ⓤ Ⓒ
talented /tǽləntɪd/ 形
才能、才能のある

生まれつきの能力、つまり「才能」の意味。漠然と「才能」といいたいときは不可算名詞、具体的なものや「ある1つの」など数えられるものを示すときは可算名詞となるがかなり区別が難しい。talented 形は名詞と同じで「才能のある」という意味。

頻出

• ~の優れた才能を発揮する
  show a **talent** for ~
  for の後には主に Ving が続く。

• 隠れた才能
  a hidden **talent**

• 多くの才能がある
  have a lot of **talent**
  不可算名詞。ただし sb of many talents「多才な(人)」は実際に才能の特定ができるので可算名詞となる。

• 才能のある野球選手
  a **talented** baseball player

＊その他、**develop**(伸ばす)、**waste**(無駄にする)などと相性が良い。gift, gifted も「才能(のある)」を示すが、gift は「プレゼント」という意味もあるように「天からプレゼントされたと思いたいほどとびぬけた才能」である。talent も生まれつきのものだが、こちらは後天的に伸ばすことが可能だ。

■ potential /pəténʃəl/ Ⓤ
ポテンシャル(潜在能力)(発展の) 可能性

日本語の「ポテンシャル」と同じ意味で用いられる。また「将来的に良い方向に行く、良い影響を与える可能性」も示す。どちらの意味でも不可算名詞になることを知っておく。動詞のコロケーションは talent と似ていて、**have, develop, show** との相性がよい。

頻出

• ポテンシャルをいかんなく発揮する
  achieve one's **potential**
  才能に見合うだけの結果を残すこと。

• 素晴らしいポテンシャルを秘めた政治家
  a politician with great **potential**

• 情報化社会の可能性
  the **potential** of an
  information-oriented society
  of の代わりに for とすると、for 以下のことが起きる可能性を示す。

  e.g.) 日本の経済発展する余地
  　　　the potential for Japanese economic
  　　　development

187

■ contact / kántækt / Ⓤ他
接触 コンタクト、連絡する

「コミュニケーションをとる」という意味合いで、表現と共に覚えるのが得策。名詞では「(人や組織との)接触」という意味を持つ。ただし直接接触する必要はなく、メールでのやり取りでも良い。動詞では「(人と/に)連絡する)」の意味になる。

よくあるミス

- (人)とコンタクトを取る(接触する)
  - × contact with sb
  - ○ have **contact** with sb/contact sb

  動詞のcontactは他動詞なのでwithをつけない。しかし名詞ではwithをつけるので注意。また、動詞の意味では「連絡する」という意味になるため、場合によっては適さないこともある。

頻出

- 直接(人や組織に)接触する
  come into **contact** with sb

- ～とコンタクトをとり続ける
  keep in **contact** with ～
  取らなくなることはloseで表す。

- 直接接触すること
  direct **contact**
  直接会って話すということを強調した表現。

- 親に連絡する
  contact someone's parents
  電話を媒介にして連絡することはcontactで表す。

188

■ condition / kəndíʃən / ⒸⓊ
状態(健康状態) 状況

ものの「ありのままの状態」という意味では不可算名詞、もしくはa conditionのかたちになる。「家具の状態」など、状態の善し悪しが判断できるものに使われる傾向がある。他にも「(あるものを取り巻く)状況」という意味にもなる。

よくあるミス

- 厳しい状況で
  - × in a serious condition
  - ○ in a severe **condition**

  「厳しい条件で」という日本語を英語に訳すときも、in a severe conditionが使われる。

頻出

- 彼らの健康状態
  their **condition**

- 天候状態
  the **condition** of weather (the weather conditions)

* **on the condition that S V～, と in the condition of ～の区別をしておこう。**
  on the condition that SV～は簡単にいうと「Sが～の条件ならば」となり、つまりifとほとんど同じとなる。in the condition of～は「～という状態にあって」という意味となる。

189

■ state / stéɪt / ⓒ
状態

　「もの、また人が置かれている物理的(肉体的)、精神的な状態」。state はありのままの状態そのものを示すため、日本語の「状態」が使われる文章には state を用いることが多い。この意味ではたいてい単数形で用いられる。

頻出

- 戦争状態にある
  be in a **state** of war

- 精神状態
  a mental **state**
  one's というかたちで使われるものがほとんど。

- 〜な状態で
  in a ~ **state**
  bad(悪い)や terrible(ひどい)などネガティブな形容詞と共に使われる。

* 「現状」といいたい場合は、a state of ~ 使う。「〜の状態」といえば基本的に現在のことを指すからだ。the current state of affairs という表現もあるものの、「進捗状況」は「どれだけ進捗しているか(how~ is progressing)」といい換えるのが良い。

190

■ situation / sìtʃuéɪʃən / ⓒ
状態

　「ある時、またあるところで様々なもの(condition なども)が絡み合って生まれる状況や事態のこと」をいう語だ。

よくあるミス

- 社会情勢
  △ a social situation
  ○ social **conditions**
  (a) social situation は「ある人(達)とある人(達)が共にいること」の意味。

- 財政状況
  △ a financial situation
  ○ a financial **condition**
  a/one's financial situation はある人がどれだけ金を持っているか、つまり「懐事情」の意味にとられかねない。

頻出

- 経済状況を改善する
  improve the economic **situation**
  「厳しい状況」という場合は strict よりも difficult(難しい)で表す方が良い。

- 〜する危機的な状況を作り出す
  create the crisis **situation**
  where(in which) SV ~

- 危険な状況で
  in a dangerous **situation**

191
■ region / ríːdʒən / ⓒ
地方

　「国や世界の中の大きな地域、地方、地帯」を表し、ある特徴（文化的、地理的など）を持つが明確な境界線が引かれていないところをいう。なお、「明確に公式な線引きをされている区画」にはdistrictを使うこと。また、「学問の領域」、「体の部位」にも使われる。

よくあるミス

- 近畿地方
  - × Kinki region
  - ○ Kinki district

　公的に線引きされる区画なのでregionは使わない。

頻出

- 脳の部位（領域）
  a **region** of the brain

- インドの東側の地方で
  in the eastern **region** of India

- 地域全体
  an entire **region**

192
■ area / éəriə / ⓒ ⓤ
地域　場所　面積

　「（国などの大きな区分の中の）地域、地方」といいたい場合に最も一般的に用いられる語。単純に「ある目的のための場所（e.g. smoking area 喫煙所）」にも用いられる。「学問の領域」や「活動の範囲」も表す。また、「面積」の意味も重要。この意味では漠然としたものを表す場合には不可算名詞となる。

頻出

- 市街地（都市部）
  an urban **area**
  対義表現はa rural area

- 南アメリカの西の地方で
  in the western **area** of South America

- 数学の領域
  the **area** of math
  「領域」の意味ではやはりfieldの方が一般的なため、「数学の領域」もthe field of mathの方が良いというネイティブもいる。

- 三角形の面積を求める
  calculate the **area** of the triangle
  calculateは「計算する」の意味。

* 「地元」をthe local areaにするとニュアンスが異なる。「地元」は基本的にone's hometownとする。

■ zone / zóʊn / ⓒ
地帯 地域

「他とは異なった特徴を持つ地域や場所」。「地帯」と訳すことが多い。コロケーションが難しいので、この単語は基本的に覚えた成句表現以外では用いないことをお勧めする。

頻出

· コンフォートゾーンから抜け出す
go out of one's comfort **zone**

· 温帯
the temperate **zone**
気候で他と区別できる地域（地帯）。ただし、「砂漠地帯」はdesert areaとすることが多い。

· 経済特区を設ける
establish an economic **zone**

■ expert / ékspəːt / ⓒ
専門家（よく知っている人）

「あるものについて熟知している人」、もしくは「類い稀な技術を持つ人」。「自分の持つ知識や技術を職業にしている人」という意味ではない。

よくあるミス

· コンピュータの専門家
  - × an expert of using computers
  - ○ an **expert** in computers
  - ○ a computer **expert**

頻出

· 英語教育の専門家
an **expert** in English education

· スポーツ科学の第一人者／世界的な権威
a leading/world **expert** in exercise science
onには「ある問題」、inには「学問、活動の分野」が続く。ただしネイティブでもon/inの使い分けは意見が分かれるところだ。

· 専門家の助言／意見
expert advice/opinion

· 医療関係者
a medical **expert**
医療に関する知識を豊富に持っている人をいう。

＊「素人」はamateurではない。amateurは「その活動で生計をたてているわけではない人」であって、「あるものをやったことのない人、やり始めた人」ではない。そのような表現をしたいときは、「よく知らない」「（あまり）やったことがない」といった動詞句を用いた方が良いだろう。

195

■ product / prádʌkt / Ⓒ
製品　産物　商品

「製品」という意味では特に工場で大量生産された販売用のものを指す。ほとんどの場合で可算名詞となる。また、「産物」といった意味もある。

よくあるミス

- （職人の作った）作品
  - × a product
  - ○ a **craft**

  craft は職人の作ったもの、特に「伝統的工芸品」の意味になる。

頻出

- 国内総生産

  Gross Domestic **Product** (GDP)

- 新しい商品開発に投資する

  invest in new **product** development

  product development は既存の商品を改良することも含む。

- 文化の産物

  a **product** of a culture

*あるコンピュータ製品があるとしよう。product は同じ型のコンピュータを総称して表すのか、個別の、例えばあなたの持っているコンピュータだけを表すのか疑問に思ったことはないだろうか。答えとしては両方表す。つまり「この製品」は総称であろうと個別であろうと this product といえる。

196

■ the former / fɔ́ɚmɚ /
the latter / lǽtɚ /
前者、後者

それぞれ「前者」、「後者」の意味。もし前者（後者）が複数を指していても the formers（the latters）とはしないこと。ただし複数を指している時は単数形と同じかたちでも扱いとしては複数になることも重要。

頻出

- 後者は〜

  the **latter** is/are 〜

  複数を指すときは動詞も複数形を受ける時と同様にする。

■ work / wə́ːk / Ⓤ Ⓒ
job / dʒáb / Ⓒ
task / tǽsk / Ⓒ
仕事

---

work…「金を稼ぐためにいつもしている活動」、つまり「労働」を表す。また、「目的をはたすための精神的、肉体的な労働」も意味する。「作品」という意味もある。

job…「金を稼ぐために行われる労働（work）の一部の特定の作業」。「職業」としての仕事や、「義務」としての仕事もjobを使う。

task…「workの中でやらなくてはいけない作業」。この意味ではjobとの違いはない。「大変なことである」というニュアンスが含まれる。jobの義務としての「仕事」という意味に近い。

比べてみよう

- やらなくてはならない仕事がたくさんある。
  I have a lot of **work** to do.
- 世界にはたくさんの仕事（職業）がある。
  There are a lot of **jobs** in the world.
- やらなくてはならない仕事（作業）がたくさんある。
  I have a lot of **tasks** to do.

頻出

- 重労働
  hard/heavy **work**
  heavy は肉体的な重労働のみに使う。
- 失業中だ
  be out of **work**
- ～することが私の仕事（義務）だ。
  It is my **job** to V ~.
- 仕事を引き受ける
  take on a **task**
  take a job も同じ意味。

「趣味」≠ hobby

Hobby は本気でやるような趣味であり、What is your hobby?（趣味はなんですか）という表現はネイティブの間ではあまり使わない。英語では、「趣味」は「好きなこと」「やりたいこと」と表現する。趣味を尋ねる場合は、What do you do for fun?（好きなことはなんですか）や、What would you like to do?（何をするのが好きですか）というのが一般的だ。

■ idea / ɑɪdíːə / Ⓒ Ⓤ
thought / θɔ́ːt / Ⓒ Ⓤ
opinion / əpínjən / Ⓒ Ⓤ
考え

idea…「あるものについての行動の提案」。「知識」という意味も持つ。頻度はthoughtよりもはるかに多い。

thought…「単純に頭の中で考えていること」。不可算名詞で「思考過程」や「思慮」といった意味を持つ。

opinion…「あるものの見方やそれに対する意見」。

よくあるミス

- ～するアイデア
  { × the idea to V ～
  { ○ the **idea** of Ving ～

  { × an/one's idea of Ving ～
  { ○ an/one's **idea** to V ～

- ～をよく勘案する
  { × give thoughts to ～
  { ○ give **thought** to ～
  「思慮」の意味では不可算。

- ～について意見を述べる
  { × say one's opinion about ～
  { ○ give one's **opinion** about ～

頻出

- 漠然と/明確にSが～と思っている
  have a vague/clear **idea** that SV ～

- (もの)の着想は～から来ている。
  The **idea** for sth came from ～

- 考えに耽る(考えすぎて周りが見えなくなる)
  be lost **in thought**

- 考えを言う
  express one's **thoughts**

- (あるものに対する)一般論
  the general **opinion**

- AとBは意見が異なる。
  A and B have a difference of/in **opinion**.
  AとBは相容れないニュアンスだ。

■ effect / ɪfékt / Ⓤ Ⓒ
influence / ínfluːəns / Ⓤ Ⓒ
impact / ímpækt / Ⓤ Ⓒ
影響

effect…「直接的な変化や結果を生み出す影響」。そのため因果関係のあることが必須となる。日本語にすると「影響」よりも、「効果」「結果」の方が近い場合も多々ある。

influence…「間接的に、あるものや人の行動、考えに変化をもたらす影響」。他動詞として be influenced by のかたちで用いられることも多い。

impact…「ある重大なものによって引き起こされる結果」、という意味での影響。effect よりも重大な場合に用いられる。なお、単数形となることが多い。

比べてみよう

• 過食があなたの健康に影響する。
Eating too much has an **effect** on your health.
過食と健康に直接的な因果があり、健康に変化を生むということ。

• 彼が多くのサッカー選手に影響を及ぼした。
He had an **influence** on many soccer players.
彼の及ぼした影響は間接的なもの。

• 戦争が日本政府に影響を与えた。
The war had an **impact** on the Japanese government.
戦争という大きな出来事の及ぼす影響は日本政府にとって重大なものである。

頻出

• 効力のある（実行されて、事実上）
be in **effect**

• ～を実行する
put ~ into **effect**

• 多大な影響
considerable **influence** Ⓤ

• （人）の 影響力を強める
extend one's **influence**

• ～の影響を実感する
feel the **impact** of ~

* effect, influence, impact に 形容詞をつけて「良い / 悪い」、「大きな / 小さな」と表現したいときは positive/negative, big/small を使おう。effect と influence は具体的でない漠然とした影響の時には不可算名詞となる。

■ climate / klάɪmət / ©
　 weather / wéðɚ / Ⓤ
　 天気

climate…「ある場所の平均的な天気の状態や傾向」。日本語で「気候」と表すことが多い。「気候に特徴を持った地域」を指すこともできる。

weather…「ある場所の晴れ、雨などの一時的な天気や気温の状態」。「変化」の意味でweathersということもあるが記述試験ではあまり見かけない。冠詞aをつけないように。

比べてみよう

・日本の天気がおかしい。

The **climate** of Japan is strange.
この場合、一時的な天気の状態というより日本の気候状態全体がおかしいことが意識される。

・今日は天気がおかしい。

The **weather** is strange today.
「今日」という限定された期間の天気の状態を表す。

頻出

・世界的な気候変動を引き起こす

cause global **climate** change
climate change は不可算名詞扱い。

・寒い地方で

in a cold **climate**

・厳しい気候

the severe **climate**

・天気予報をする

forecast the **weather**

・暖かな天気になる。

The **weather** turns mild.
「天気が良くなる」には The weather improves. がよく使われる。

＊「暖冬」は warm winter ではなく **mild winter** である。「冬が暖かい」というのは、「温暖なのではなく寒さが例年の冬と比べて厳しくない」ということだからだ。なお、表現にもある通り mild は weather, climate にも使われる。

■ view / vjúː / ⒸⓊ
perspective / pɚspéktɪv / Ⓒ
見方

view…「見方」よりも、「意見」や「見解」として使うことが多い。「見方」や「考え方」の意味では修飾語句を伴い単数形で用いる。perspectiveと似た使い方としては point of view となる。

perspective…「経験によってかたち作られた、ものに対する見方」。そのため「ものに対する視野」という訳になることもある。point of view は point からも分かるように「ある点に視点があること」を強調しているが、perspective にその含意はない。

比べてみよう

- 私の見立てでは彼女はシャイだ。
  My **view** is that she is shy.

- 彼らはこの問題について異なった見方をしている。
  They have different **perspectives** on this problem.

頻出

- 異なる観点から
  from a different point of **view**

- ～という立場をとっている(～という見方をしている)
  take the **view** that SV ～

- ～についての見解/～についての考え方
  view about ～
  one's **view** of ～
  view of は my など所有格をつけて単数形。

- 視野を広げる
  broaden one's **perspective**

- ～に対する広い見方を与える/得る
  give/get a wider **perspective** on ～

■ growth / gróʊθ / Ⓤ Ⓒ (単)
development / dɪvéləpmənt / Ⓤ Ⓒ
成長

growth…「量、数、大きさなど数値化できるものの発達」という意味。ただし、人に関しては身体的のみならず精神的な成長の意味としても使われる。

development…「質的、機能的な面での発達」という意味。「開発」という意味では不可算名詞として使われる。「状況を次の段階へ変えること」、つまり「進展」に近いニュアンスの意味や、そこから派生して「動向」という意味を持ち、これらは可算名詞として扱われる。

比べてみよう

- 経済成長
  economic **growth**
  実際に動かしている金額が増大しているという意味。

- 経済発展
  economic **development**
  技術の進歩などで経済が好転していくという意味。

＊economic growth の方が頻度は高い。なお、economic developmentは社会的な側面（福祉など）も一緒に発展するニュアンスが包含されることもある。

頻出

- 急激な人口増加
  rapid population **growth**

- 精神的な成長
  emotional **growth**

- ～の/～において成長を遂げる
  achieve **growth** of /in ~

- 持続可能な開発
  sustainable **development**

- ～の進展（動向）
  developments in ~

- 子供の成長
  child **development**
  脳や肺など、肉体の機能を指している。

■ anything / éniθɪŋ / 代
something / sʌ́mθɪŋ / 代
何か

anything…肯定文、疑問文で使われる場合、「漠然とした何か」を意味する。そのため「(本当に)何でも」という意味となることもある。疑問文では相手の答えがyesかnoか分からないときに使われる。

something…「ある範疇の中での何か」を意味する。そのためある程度のイメージが先にある。疑問文、否定文ではsomeをanyに変えると教わるかもしれないが、疑問文では、相手がyesと答えるであろうことにはsomeを使う。これは、相手の解答が予想できる時には、「漠然とした何か」ではないためだ。

比べてみよう

• 何か食べ物を持っていますか。

Do you have **anything** to eat?

「食べ物ならなんでもいい」というニュアンス。

• 何か食べ物を持っていますか。

Do you have **something** to eat?

「普段食べ物を持っていて、今も持っていること」が予想されている。

• (レストランで)何か飲み物を頼まれますか。

Would you like **anything** to drink?

「何でもいいから飲め。」というニュアンス。

• 飲み物はいかがですか。

Would you like **something** to drink?

レストランでは飲み物も頼むという認識が背景にある。

よくあるミス

• 彼女のためなら何でもする。

　× I do everything for her.
　○ I would do **anything** for her.

この場合、everythingでは「この世のすべてのこと」になる。

例

• Aは何となく〜な感じがする。

There is something ~ about A.

「〜」には**attractive**(惹かれる)、**special**(特別な)などの形容詞が来る。この表現はプラスマイナス両方の文脈で用いられる。

■ rate / réɪt / ©
proportion / prəpɔ́ɚʃən / ©単
割合 率

　rate…「一定の期間内における、全体の中での割合。また「下がる」「上がる」など元の数値からの変化、またそれとの対比が意識される場合に使われることが多い。

　proportion…「全体の中でどれくらいを占めているか」という数的、量的な割合。実際の用法では、〈the proportion of A to B〉（AのBに占める割合）のように、全体との対比がなされる場合が多い。rate と重なる部分が多い語である。また「比例」を示すこともある。

比べてみよう

- 日本の出生率が5パーセントに上がった/下がった。
Japan's birth **rate** increased/decreased to 5%.

- 日本の人口当たりの出生率（普通出生率）が5パーセント上がった/下がった。
The proportion of births to (amongst) the **population** of Japan went up/down by 5%.
あくまで全体の人口があり、そのうち出生したものの比率。

頻出

- 〜の割合で
at a **rate** of 〜
「年間5センチのペースで（at a rate of 5cm per year）」のような使われ方をする。

- （人）の心拍数
one's heart **rate**

- 失業率
the unemployment **rate**
「死亡率」は the death rate という。

- 君の努力に伴って（つり合いがとれて）
in **proportion** to the effort you make
「比例」の意味。

- AとBの比、AのBに占める割合
the **proportion** of A to B

- 彼は身長に比べて顔が小さい。
His face is small in **proportion** to his height.

＊「割合の大小」を示す場合、rate には **high / low**、proportion には **large / small** を組み合わせることが多い。なお、「速さの割合」を示すときにはもちろん速さを示す形容詞（fast, slow など）が使われることに注意。

■ value / vǽljuː / Ⓤ Ⓒ
worth / wɚ́ːθ / Ⓤ
価値

value…「他と比べてあると思われる価値」。「相対的な価値」といわれる。「ある人にとってのものの重要性」などを表す。つまり「ある人にとってvalueのあるものでも別の人にはvalueがない」ということもある。「お金で表せる価値」ではworthとほとんど同義となり、特定のものには可算名詞、もの自体の価値を表す場合は不可算名詞となる。

worth…「誰が見ても同じであろう価値、普遍的かつ絶対的な価値」を表す。そのため「金銭的な価値」をいうときによく使われる。精神的価値にもしばしば用いられる。「誰にとっても普遍的に、また社会的に価値があると考えられる」、また「あるものにそこから得るものがあると考えられるため、もしくは個人的に面白いと感じるために価値がある」というニュアンスになる。形容詞の用法が頻出だが名詞の意味も把握しておくこと。

比べてみよう

• 私はその写真に価値を見出せない。
  I do not find **value** in the picture.
  自分にとっての価値は見出せないということ。

• 彼はそのギターの価値を教えてくれた。
  He told me about the **worth** of the guitar.
  そのギターが持つ絶対的な（金銭的）価値のこと。ただし、worthは名詞で使われることはあまりない。

頻出

• ～はすごく価値がある
  ~ be of great **value**
  「ほとんどない」の場合はlittle。

• 円高/安になる
  The **value** of the yen increases/decreases

• ～の価値がある（～に値する）
  be **worth** ~
  2つの意味を考える。1つは「金銭的な価値」、そのためworthの後に具体的な金額を続けることもできる。2つ目は面白い、もしくは何かしら得るものがあるために価値があるという意味。be worth the time/effort（時間をかける/努力する価値がある）という表現がよく使われ、動名詞がbe worthに続く際はbe worth Ving ~（～する価値がある）というかたちもよく用いられる。

■ **period**/píriəd/ⓒ
　era/írə/ⓒ
　age/éɪdʒ/ⓒ
時代

---

period…「人のある時期（段階）」や、「歴史上の何かが起きていたある期間」を表す。そのため、例えば「冷戦時代」(the Cold war period)にはperiodが使われる。また、「始まりと終わりの存在する期間」という意味も重要。

era…「ある出来事」、特に「歴史に残るような出来事や人に関連する時代」。歴史的な出来事に関してはかなりperiodとの互換性がある。「フランス革命の時代」(the era of French Revolution)などに使われる。

age…「長い時代」、特に「あるものが発達している段階にある時代」や、「ある大きな特徴（天候、物質、為政者など）が関連する長期的な時代」を示す。「氷河時代」(the ice age)、「核の時代」(the nuclear age)にはageが適切だ。

頻出

• 江戸時代後期に
in the late Edo **period** (**era**)

• 新時代に入る
enter a new **era**
the modern era(現代)も頻出。「〜が始まる/終わる」はbegin/endで問題ない。

• 情報化時代
the information **age**
ageはこのようにあるものの発達（流布）の段階を示す使い方がされる。他には、the middle ages(中世)という使われ方もある。

• 限られた期間で
in a limited **period** of time
「期間」の意味でのperiod。periodをperiod of timeとすることで絶対量としての時間が強調される。

• 三週間にわたる減少
the three-week **period** of decline

＊以上3つの語はコロケーションや語法が同じになることが多い。ただし使い方によってニュアンスの違いが生まれることもある、特に**the modern age/the modern era**(現代)の区別はしておいた方が良い。後者は日本語でいう「この頃」に近いが、前者はどこからという始まりが明確にある、21世紀に入ってから、など。とはいっても、「現代では」はtoday(今日では)にしてしまえば間違いがない。

■ behavior / bɪhéɪvjɚ / Ⓤ
act / ǽkt / Ⓒ
行動

　behavior…「個別の行動」ではなく、「振る舞い」などあるものがいつもすることの意味としての「行動」。個別ではないので不可算名詞。

　act…いわば「一回きりの行動」。つまり個別の行動、行為。

【頻出】

• 人間の行動
　human **behavior**
　このように「漠然とした一般的な行動」にはbehaviorが適切。

• ～に対する振る舞い
　behavior towards ~
　behaviorにはgood/badなど様々なものが前に来る。

• ～の行為
　an **act** of ~
　例えば「暴力行為」(-violence)「勇敢な行動」(-courage)など、様々なものが続く。もちろん動名詞も来る。「～(な)行為」、「～な行動」という訳語になることが多い。

■ sex / séks / ⓊⓇ
gender / dʒéndɚ / ⓊⓇ
性 性別

　sex…単純に「生物学的な性、性別」をいう。人種(race)などと同じく生来持つものである。

　gender…これは主に「男性たること、女性たること」を示す枠組み、つまり「社会的に形成された性、性別」となることが多い。

【頻出】

• 同性婚を認める
　recognize/permit same-**sex** marriage
　allow same-**sex** couples to marry
　「禁止されている」はbe prohibited で問題ない。

• 性差
　a **gender** difference
　これは性別そのものではなくそれによって生まれる差を指すため、genderが用いられる。

• 男女平等
　gender equality
　gender roles(性別による役割(分担))、a gender stereotype(性別の固定観念)なども頻出。

• 性差別をなくす
　eliminate **gender** discrimination Ⓤ/
　sexism Ⓤ
　discriminationはあらゆる差別を指すことができる。sexismは性差別の中でも男性優位、女性蔑視の考えが強い。

■ trip / tríp / ©
journey / dʒə́ːni / ©
travel / trǽvəl / Ⓤ
旅

trip…「遊びや仕事など、ある目的のためにあるところに行って帰ってくる具体的な旅行」。遊び目的でないこともあるため、必ずしも「旅行」とは訳されない。帰ってくることを意識した表現に用いられる。

journey…基本的に「長期、長距離にわたる旅行」を表す。帰ってくることは意識されないこともある。また、「定期的に旅行すること」を指す場合もある。

travel…「旅行」の意味では最も一般的な語。漠然と「旅行やそれをすること」を表す。travelsのかたちでは「遊びのための遠方への旅行」を表し、所有格を伴う場合が多い。

頻出

• ～へ修学旅行に行った
went on a school **trip** to ~
行って帰ってくること。ただし、takeにすると行くことのみを表す。

• 出張中だ
be on a business **trip**

• 旅をする/旅に出る
make/start a **journey**
journeyの前には期間(long 長い)や難易度、安全度(dangerous 危険な)を示すものを置くことが多い。

• 旅で
on one's **travels**
「旅の道中で」というニュアンスになることも。この表現ではたくさんのところを訪れていることが示唆される。

• 宇宙旅行
space **travel**

■ **nation**/néɪʃən/ⓒ
　country/kʌ́ntri/ⓒ
　state/stéɪt/ⓒ
　国

---

nation…文化や経済、そして国民の集合としての国のことをいう。つまり、重点は主にその内部の属性（特に国民）にある。そのため集合体としての「国民」の意味も表す。これまでの説明を加味すると貧しい／豊かな国（a poor/wealthy nation）にnationが使われている理由が理解できる。

country…一般的に「国」と言われるもの。原義は政府などの政治システムを有する場所。しかし現在では重点は土地に置かれる。nation/stateを修飾する形容詞はたいていcountryにも当てはまる。他の国の土地というところから考えると、外／母国（a foreign/native country）になぜcountryが使われるか分かるはずだ。

state…1つの政府によって政治システムが統一されている国のこと。概して政治的側面が重視される。民主主義国家（a democratic state）にstateが使われるのは政治システムが重視されているため。

頻出

- 国民を分断する／まとめる／率いる
 divide/unite/lead a **nation**

- 国を治める
 govern a **country**
 rule（支配する）も重要。

- 共産主義国家
 a communist **state**
 政治システムが修飾語になる場合がほとんど。

＊アメリカは United States、イギリスは United Kingdom、国連は United Nations になる。「アメリカ」、「イギリス」という国を指したい場合はthe U.S./the U.K. にすること。だだし、ピリオドやカンマが続く場合には2つともつける必要はなく、U.K,などのかたちで問題ないがU.K.,とされていることもある。アメリカはAmericaでも問題ないことが多いが、イギリスをBritainとするのはライティングにおいては避ける。

211　セットで覚える

■ for example /ɪgzǽmpl/
for instance /ínstəns/
例えば

　文頭に置く場合はその後に主文が続く。For example, Tennis.のように、続くものが文の体裁になっていないときには使えない。文中に置く場合はカンマで区切ってから小文字で始めること。この場合は文の体裁になっていなくても良い。

・**for example**
　①あるものの1つの例であり、他にも違う種類の例があることを暗示する。
　②後の文章は例を軸にしたまま進まず、再び普遍的な話に戻る。
　③仮定や理論の例にも使える。現実の例を挙げることもできる(固有名詞など)。
・**for instance**
　①例として挙げるものと同種のものが他にあることを暗示する。
　②特定の何かを例に挙げ、そのあとの文章はその例を軸として進む。
　③実際に起きていることや、状況の例を挙げる。

比べてみよう

・私はスポーツが、例えば野球が好きだ。
I like sports; **for example**, base-ball.
他の種類の、サッカーなどのスポーツも好きであることの暗示。

・彼は詐欺をした。例えば保険金詐欺だ。
He committed frauds, **for instance** (an) insurance fraud.
他にも結婚詐欺など、詐欺という種類の範疇で異なることをしていることを暗示する。

withとbyの使い分け

　手段を表すwithとbyの使い分けは重要。一般的にwithの後には「道具」、byの後は「手段」を表すものが続くといわれるが、それだけでは使いこなすのが難しい。

　withは、「人が使いこなせるもの」人の意志によって「手段」にできるものが続く。例えば、「パソコンによって」といいたい場合、with computerのようにwithを使う(computer p.104)。

　一方、byは人の意思には関わらない。by以下が手段となるのは、それ自体が働きを持つものである。冠詞なしで、連絡手段(by phone, by mail)、交通手段(by bus, by train)などに使われる。「車で」といいたい場合はby carであり、誰の車か指したい場合はin sb's carとなる。

第 1 部
形容詞・副詞・接続詞

wide	peculiar	public
obvious	efficient	official
clear	constant/constantly	potential
digital	equal	annual
financial	except	unique
flexible	bilingual	once
normal	alternative	approximately
widely	ideal	gradually
directly	willing	beneficial
creative	friendly	moral
familiar	vital	past
visible	original	aging
expensive	latest	professional
unconsciously/ unconscious	remote	entire-whole
warm	initial	silent-quiet
previous	sharp	aware-conscious
typical	accurate	intelligent-smart-clever-wise
consequently	sudden	
commercial	rational	totally-completely
heavy	proper	inner-internal
regular	convenient/inconvenient	ashamed-humiliated-embarassed
extra	stable	vacant-empty
domestic	steadily/steady	abstract-vague
	regardless of	

■ wide / wáɪd / 形
(幅が、範囲が)**広い　〜幅**

　「端から端までの幅が広い」という意味。「知識の広さ」や、「場所の広さ」、「ものの見方の広さ」を表す。場所の広さでは「広大」というニュアンスが入らないと使わないことに注意。〈距離(長さ)+wide〉で、「(距離)幅」を示す。

よくあるミス

・広い部屋で
　{ × in a wide room
　{ ○ in a **large** room

頻出

・50cm幅の机
　a fifty centimeters **wide** desk
　width **U C** は名詞で「幅(広さ)」を表す。「50cm幅の机」というならa desk with width of fifty centimetersとなる。

・口を大きく開ける
　open one's mouth **wide**

＊variety, range と共に使われることが多い。詳しくは**variety**(p.102)、**range**(p.98)の項を参照。

＊同じ「広い」という意味の**broad**とは明確に区別されない場合が多い。しかし、**broad**は「概念的な広さ」によく使われ、**wide**は「端から端という物質的な広さ」を表す。なお**in a broad sense**(広い意味で)は**wide**と交換不可能。

■ obvious / ábviəs / 形
明白な(当然の)

　一目見ただけで分かるほど「明白な」という意味。そのため、「理解しやすい」「分かりやすい」という訳語にもなる。また、「当然(の)」という日本語を英語に訳すときもしばしばobviousが使われる。

頻出

・Sが〜なのは明白だ
　It is/became **obvious** that SV 〜
　誰が見ても明白な場合にこれらの表現を使う。

・当然の話だが
　To state the **obvious**,

・明白な理由がある
　There is an **obvious** reason

・当然の質問／答え
　an **obvious** question/answer

214

■ clear / klíɚ / 形
明白な 明確な

確信できるほど「明白な」という意味。
obviousと同じ意味で使われる場合も多い
が、区別されることもあるため注意が必要。

よくあるミス

- 彼がそれを行った理由は明らかでない
{ × It is not obvious why he did it.
{ ○ It is not **clear** why he did it.
wh ~ 節が続く場合はclearを用いることが多い。

頻出

- （人にとって）Sが~なのは明白だ。
It is **clear** (to sb) that SV ~
確信をもって明白だと言える場合に使う表現。

- ~の間に明確な線引きをする
make a **clear** distinction between ~

- ~をはっきりしている
be **clear** about ~
人が主語の場合「はっきりとわかっている」

- ~をはっきりさせる
make ~ **clear**
clarify ~
that SV ~ を後ろに続けたい場合はmake it
clear that SV ~

215

■ digital / dídʒətl / 形
デジタルの デジタル式の

degitalではなくdigital。「デジタル式の」
「デジタルの」という日本語と同じ意味で
使われることが多い。そのため「デジカメ」
も digital camera で問題ない。

頻出

- デジタル時計を修理する
fix a **digital** watch

- デジタル放送に移行する
move to **digital** broadcasting

- 情報格差をなくす
eliminate the **digital** divide
「情報の」となることもある。

- デジタル化の時代に
in a **digital** age

■ financial / fɪnænʃəl / 形
財政上の　金融上の

　「財政上の」「金融上の」という意味。「財政」という言葉から分かる通り、「お金やその管理に関係していること」を表す語だ。そのため日本語では「金銭的な」とした方が分かりやすい訳になる場合もある。必ず名詞の前に使う。

頻出

- 〜に財政援助をする
  provide **financial** support for 〜
  援助の意味のsupportは不可算名詞。

- 財政危機が起きてから
  Since the outbreak of the **financial** crisis,

- 財源が豊富である
  have great **financial** resources

- AがBに財政的な(金銭的な)負担となる。
  A places/becomes a **financial** burden on B.
  またはA is a financial burden to Bという表現も可。

＊組織(団体)に使われるイメージを持っているかもしれないが、実は人のことをいう場合もある。というのも、原義は金融だけではなく「お金にまつわるすべての関係(金銭の管理関係)」だからだ。

■ flexible / fléksəbl / 形
柔軟な　融通の利く

　「状況によって柔軟にものごとを変えられること」をいう。そのため「柔軟な」「適応力のある」「融通の利く」という意味になる。

よくあるミス

- 彼は柔軟な思考の持ち主だ。
  - × He can think flexibly.
  - ○ His thinking is **flexible**.

  ネイティブの中にはHe has strong cognitive flexibility.という表現がよいという人もいるがあまりに難易度が高い。flexiblyはuse(使う)、respond(反応する)との相性が良い。

頻出

- 〜に対して非常に柔軟なアプローチをとる
  take a highly **flexible** approach to 〜

- 自由勤務時間制を導入する
  introduce **flexible** working hours

- 〜に対してもっと柔軟になる
  be more **flexible** about 〜

218

■ normal / nɔ́ɚməl / 形
普通の　標準の　正常な

予想できるくらい「普通の」という意味。「並みの」という意味でも用いられるが、「いつもの状態、普通の状態、正常な状態」に対してよく使われる。

よくあるミス

- 普通の人
  - { △ a normal person
  - { ○ an **average** person

  人に使うときにnormalを用いると、「健康状態が普通」、もしくは「奇行に走らないという意味で普通」と受けとられる可能性がある。

頻出

- （いつもと変わらない）普通の状態（状況）で
  under **normal** conditions

- 標準的な体重の人々
  people of **normal** weight

- ～することは普通だ
  It is **normal** to V ～

- 熱（正常なときの体温）を測る
  check that/if one's temperature is **normal**

＊「普通の」の意味で用いられる average, ordinary との区別をしっかりしておこう。
average…平均値のあたりにあることを表しての「普通の」。
ordinary…normalに近いが、「特別ではなく並みだ」ということが強調される。

219

■ widely / wáɪdli / 副
広く　大きく

「様々な場所」で、もしくは「様々な人が」という意味での「広く」。大きさの程度を表すときには、違いを述べる場合にのみ使うネイティブもいるということも押さえておく。

頻出

- ～が広く受け入れられている/与えられている
  ～ be **widely** accepted/distributed
  the most widely accepted idea（最も広く受け入れられている考え）などの表現も可能。

- AとBで大きく異なる
  varies **widely** from A（単数）to B（単数）

■ directly / dəréktli / 副
直接に　まっすぐに

　間に何の障害もなく「直接」が原義。日本語では「まっすぐに」という訳になる。

よくあるミス

- (複数の人が)まっすぐに並ぶ
  - × stand directly
  - ○ stand in a **straight** line

頻出

- 彼をまっすぐに見る(直視する)
  look **directly** at him

- 人口の増加に直接関係している
  be **directly** related to population growth

- ～の真ん前に/真後ろに
  directly in front of ~/behind ~

■ creative / kriéitɪv / 形
創造的な　クリエイティブな

　想像力をつかって創造する。想像力を使って新しいもの、オリジナリティあふれるものを生み出す場合には「創造的な」の意味である。人やものに使えるが、「創造的な」という意味で分かりにくい場合は「独創的な」に変換してみる。

よくあるミス

- 創造力がある
  - △ have a creative ability
  - ○ be **creative**

  have a creative ability という表現もあるがhave an innate creative ability(生まれつき創造力がある)というように、他の形容詞と組み合わせて使われるのが一般的。

頻出

- 独創的なア·イデアを思いつく
  come up with a **creative** idea

- 創作物、クリエイティブな仕事
  (a) **creative** work
  「製作物」という意味でのworkは可算名詞。

222

■ familiar / fəmíljər / 形
よく知っている　熟知している

「（人やものを）よく知っている」という意味。そのため、「少し見れば、聞けばわかること」、「音、ものなどを知って慣れている」という意味にもなる。「精通している」という意味では名詞の前に置けず、familiarの後に必ず前置詞が伴う。

よくあるミス

- よく知られた話
  - × a familiar story
  - ○ a **well-known** story

頻出

- その問題について熟知している。
  be **familiar** with the problem

- その問題は～に知られている。
  the problem is **familiar** to ～

- ～に聞き覚え/見覚えがある
  ～ sound/look **familiar**
  vaguelyをつけることで、「どこでという確信は持てないが経験したことのある気がする」となる。

- 見慣れた光景となる
  become a **familiar** sight

＊「familiar」は、以前に何かしら知識を身に着ける機会があったため、もしくは慣れ親しんでいるため知っているというニュアンスを持つ。そのため、慣れを示すこともあるが、何度も繰り返し経験した結果慣れている場合には be used to 名詞/Vingを使う。

223

■ visible / vízəbl / 形
目に見える（明らかな）

見ることができる、つまり「目に見える」という意味になる。実際に視覚で捉えているものでなくても使えるため、「明らかな」というニュアンスにもなる。その場合、名詞の前で用いるなら、あるものが変化した結果を表す種類の単語（change, effectなど）と共に使われることがほとんどだ。

よくあるミス

- 目に見える（明らかな）変化
  - × a visual change
  - ○ a **visible** change

頻出

- ～にはっきりと目に見える/ほとんど見えない
  be clearly/barely **visible** to ～
  toの後は人などが来るが、to the naked eye（裸眼で）も覚えておくと便利。

- ～の影響が目に見えるようになる。
  The effect of ～ become **visible**.

■ expensive / ekspénsɪv / 形
高い（お金がかかる）

「お金がかかる」の意味。「（値段が）高い」と覚えても構わないが、元の意味を知っていた方がこなれた表現を作りやすいだろう。例えば「ホテルの値段が高い」、「維持費が高い」といいたいときに、「高い」と覚えるとhighとしてしまうかもしれないが、「お金がかかる」と考えるとexpensivieを迷わず使うことができる。

よくあるミス

- 彼の給料は高い
  - × His salary is expensive
  - ○ His salary is **high**.

  「お金がかかる」という意味ではない。tax（税金）にも同じことがいえるためhighは使えない。

頻出

- ～を維持する/運営するコストが高い
  be **expensive** to maintain/run ~
  他にはbuy（買う）もよく使われる。

- ～はなかなか（すごくとまではいわないが）高い
  ~ be quite **expensive**

- ～は高過ぎる（高過ぎて払えないニュアンス）
  ~ be prohibitively **expensive**

- ～は思っていたより高い
  ~ be rather **expensive**

■ unconsciously
/ ʌnkánʃəsli / 副
unconscious
/ ʌnkánʃəs / 形
無意識に、無意識の 気づいていない

「無意識」という場合、「意識を失っている状態」と、「意図していない」という意味での「無意識」があるが、unconscisous (ly) はどちらでも使うことができる。unconscisousはconscisousの対義語で、使われる語法はほとんど一致する。

頻出

- 無意識な願い
  an **unconscious** desire

- 意識を失う
  become **unconscious**

- 無意識にメッセージを発信する
  unconsciously convey a message

＊表現の幅を広げるため、「知らず知らずのうちに（無意識に）」という意味の語句を他にも把握しておこう。
subconsciously…「無意識に」である。「意識を失って」という意味はない。こちらは1つの意味しかないため分かりやすいだろう。
without realizing it… 修飾したい節（文）の一番最後に置く。「知らず知らずに」の意味。
before I knew it…「いつの間にか」という意味だが、どちらかというと「あっという間に」に近い。

226

■ warm / wɔ́ɚm / 形
暖かい 熱い 温かい

---

warmは「心地よく感じる暖かさ、温かさ」を意味する。「気温」だけでなく、「服の暖かさ」、「人情の暖かみ」、「体感的な暖かさ」など様々な意味となる。hotと間違えやすいがhotは一般的に不快な意味で「暑い」、「熱い」、もしくは「かなり暑い、熱い」という意味である。

よくあるミス

・私は熱い味噌汁が好きだ。
  ∫ △ I like warm miso soup.
  ⎩ ○ I like **hot** miso soup.
「熱々の」というニュアンスが出るのは後者。追加の説明は後述。

頻出

・暖かくする
keep **warm**

・暖かい服を脱ぐ/着る
take off/put on **warm** clothes

・(人に) 温かい歓迎をする
give (sb) a **warm** welcome
この意味のwarmは通例名詞の前で使われる。そのためHe is warmという表現は誤り。

＊実はwarmは日本語で「暑い」に近い意味までも含む。というのも、基本的にネイティブの中ではhot=「すごく熱い、暑い」という認識になるので、日本人の感覚だと「暑い」になるものが彼らの中ではwarmになる場合が多いのだ。春から夏にかけての暑くなってきたときなどにはIt is getting warm.と表現される。

＊warmは心地よく感じる温かさが基本だが、スープや飲み物となるとその限りではない。例えば、35度のコーヒーはwarmではあるが、ホットコーヒーとして飲むとあまり好ましいものではないだろう。反対にhotは不快な温かさとなることもあるが、90度のコーヒーはhotであるが、好ましいものだろう。このように意味的に矛盾が生じているため、どちらも×とは言えない表現となっている。

■ previous / príːviəs / 形
前の 以前の

ある時、あることよりも、時系列的、順序的に「前の」という意味。そのため「以前の」という訳となる。決まったイディオム以外では必ず名詞につく単語であるため、日本語にすると「前～」(e.g. 前科　previous convictions)になることも多い。

よくあるミス

・ ～に先立って
   △ previous to ~
   ○ **prior** to ~

頻出

・ 前の世代
  a **previous** generation
  前の世代が複数になる場合は複数形。単に「前の世代」といいたい場合にはtheがつく。ちなみに英語で一世代はおよそ20～30年を指す。

・ 先行研究
  previous studies/research

・ 以前の経験から
  from **previous** experience

＊「前の」という日本語に反射的に**former**を使ってはいけない。「以前の」と考えられる場合にはpreviousになる。formerは基本あるポジションにいた人がもういないことを表す。そのため、例えば「前チャンピオン」はformerを使うことになる。

＊ the previous day は「ある特定の日を対象に、その前日」を指す(例えば1か月前のある日に対してその前日など)。そのため、「昨日～した」といいたい場合にはyesterday となる。previous year なども同じと考えて良い。

228

■ typical / típɪkəl / 形
典型的な

「ある種のものがたいてい持っていると予想される特徴」という意味から「典型的な」という訳になる。出来事や行動にも使うことができる。typical of ~ といういい回しがよく使われるが、文脈によって意味が変わるので要注意。

頻出

- 高校生の典型的な一日
  a **typical** high school student's day

- 典型的な例
  a **typical** example

- ~するなんて（人）らしい
  It is **typical** of sb to V ~

- （科学者によく見られる特徴を代表して）よくいる科学者
  typical of scientists

＊typicalを英和辞書で引くと「代表して」という用法が出てくるが、それをそのまま覚えても使えない。例えば文系は数学ができないというイメージがあるとしよう。実際に数学ができない人がいたら「彼は典型的な文系」と考えられるだろう。これがtypicalの「代表して（よくいる）」という意味が持つニュアンスだ。間違ってもrepresent（代表する）の意味で用いてはいけない。また、この用法では名詞の前に置けない。

229

■ consequently
/ kάnsɪkwèntli / 副
結果として

as a result と同義と考えて良い。consequentlyはマイナスのニュアンスを伴うときに使うといわれることもあるが、実際には区別なく使われている。先の文と後の文との間に確かな因果関係が見出されるかどうかは毎度抜かりなくチェック。

頻出

- これがCO_2の増加、そして結果的に地球温暖化に繋がる。
  This leads to an increase in CO_2 emissions and **consequently** global warming.

＊「結果として」を必要とするほとんどの場面で使える。

■ commercial
/ kəmə́ːʃəl / 形 C

商業の 営利目的の、コマーシャル

　テレビで流れる「コマーシャル」も可算名詞で表せるが、「売り買いに関すること」を指すことが多く、「商業的な」などの意味で用いられる。「利益を生み出す能力」を指して用いられることもあるが、訳としては、「営利目的の」、「商業の」となる。

よくあるミス

- テレビでCMを流す
  - × broadcast CM on TV
  - ○ broadcast a **commercial** on TV

  CMも使われないこともないがcommercialの方が一般的。

頻出

- 商業的な価値がない
  have no **commercial** value

- その映画は成功を収めた／失敗をした
  The movie was a **commercial** success/failure

- 営利団体
  a **commercial** organization

- 商業利用
  for **commercial** use

- 目的のために
  a **commercial** purpose

■ heavy **/ hévi /** 形
重い（ものの量や程度が多い）

　「ものの量や程度が多い」というのがheavyを理解する上で重要なポイントだ。しかし、これだけの理解では誤用を招きやすい。ここでは、分かりきった用法は割愛し、間違えて使ってしまいがちなもの、使えるようにしておくべき表現を挙げる。

よくあるミス

- 重罪を犯す
  - × do a heavy crime
  - ○ commit a **serious** crime

- 私のパソコンの動作は重い
  - × My computer is heavy
  - ○ My computer is **slow**

  前者だとパソコンそのものが重いことになる。

頻出

- 過密スケジュール
  a **heavy** day/schedule

  「予定がたくさんある」と言いたい場合にはbe on a tight scheduleが一般的。

- ～に厳しくあたる、厳しく処罰する
  be **heavy** on ～

  「厳しく処罰する」と訳される場合にはstrongly punishという表現の方が好まれる。

- スマートフォンをたくさん使うこと
  heavy use of a smartphone

232

■ regular /régjuləʳ/ 形
規則正しい 一定の 定期的な

「一定の間隔を置いて」という意味。そのため「規則正しい」、「一定の」、「定期的な」などと訳される。「規則正しい」以外は名詞を直接修飾するかたちでしか用いることができない。先に挙げた3つ以外にも、何かをよくしたり何かがよく起こったりすることを表すこともあるが、これらは定訳つけるのが難しいため、表現で感覚をつかもう。

頻出

- 一定の間隔で(時間的にも空間的にも)

  at **regular** intervals

  「規則的に(定期的に)」といいたい場合には **on a regular basis**。

- 常連客

  a **regular** customer/visitor

  「定期的に」という「よりよく起こる」という意味での regular。基本的に名詞につく。

- 定例会議を開く

  hold a **regular** meeting

＊和英辞書で「規則正しい生活」を調べると a regular life と出てくるが、ライフスタイルが多様な現代では、a regular life は「(規範的な)規則正しい生活」を指すのにあまり適していないとも考えられる。**an ordinary life** とした方がより適切だろう。

233

■ extra /ékstrə/ 形副
余分な 予備の、プラスして

「普通の状態より追加されていること」を表す。お金や時間とよく結びつく。「余分な」、「追加の」に加え、名詞につくと「予備の」、「臨時の」「特別な」という意味になることもある。また、第一文型(~ is extra. など)では「～は別料金だ」という意味になる。

よくあるミス

- 予備の鍵

  ```
  × an extra key
  ○ a spare key
  ```

  これは簡単な例だが、「予備の」を全て extra にはできない。spare には、いつも使っているものの他に、もしものときに備えた「予備の」という意味がある。

頻出

- ～は特別な注意を要する

  ~ take **extra** care

- ～に特別な努力は必要ない

  require no **extra** effort

  by making a little bit of extra effort「あと少し努力すれば」なども覚えておくと便利。

- ～するのに余計な(追加の)料金がかかる。

  It costs **extra** money to V ~

- 10000円余分に稼ぐ

  make 10000 yen **extra**

  pay 50 dollars extra「50ドル余分に払う」のように副詞で使う時は金銭面に限定しておくとミスが減る。

■ domestic / dəméstɪk / 形
国内の　家庭の（家庭用の）
飼いならされた

「国内の」という場合、100パーセント国内で完結していて他の国には関係ない状況のみに限定される。「家庭の」「家庭用の」という意味、「飼いならされた（＋動物）」という意味も重要。

頻出

• 日本の国内総生産
  Japan's gross **domestic** product (GDP)
  「上がる／下がる」や「高い／低い」といいたいときはincrease/decrease, high/lowで問題ない。

• 家畜
  a **domestic** animal

• （家庭用の）電化製品
  a **domestic** appliance

• 国内の市場
  the **domestic** market

* **household**は「家庭の」と訳される。こちらの方がdomesticよりも使える幅が広く、場合によっては「家庭用の」に近い訳語になることもある。domestic violence（家庭内暴力）などの決まった表現以外では混同されることも多い。
  household…「家（house）を維持するためのこと」や、あるhouseの中のすべての人を指して「家庭」という時に使う。
  domestic…「家族関係、家庭に関連すること」に対して使う。
  実践的な区別としては、ものを修飾するのはhouseholdが多く、家族関係（problemなど）を修飾するのはdomesticが多い。

■ peculiar / pɪkjúːljɚ / 形
変な　特有な

思っていたものと違い、普通ではないと思うような「変な」。「特有の」という意味も重要で、似た単語にunique（p.161）があるが、peculiarは「驚き」や「心配」が入るためマイナスのニュアンスになる。

頻出

• ～に特有だ（～以外に他にはない）
  be **peculiar** to ～

• 彼独自の方法で（ニュアンスは説明欄と同じ）
  in his own **peculiar** way

• ～なのは奇妙だと感じる
  It seems **peculiar** that SV ～

236

■ efficient / ɪfíʃənt / 形
効率のいい、優秀な

「時間やお金、エネルギーを無駄なく使う」というニュアンスから、「効率のいい」という意味になる。人にも用いることができる。

よくあるミス

・〜は非常に省エネである
- × ~ be much efficient in energy
- ○ ~ be highly/very energy **efficient**

使うエネルギーを減らすのではなく、効率よく使っているという意味である。

頻出

・(無駄なく時間を使えるという意味で)優秀な社長
an **efficient** president

・コストがかからない
cost **efficient**

・効率的な方法で
in an **efficient** way
efficientは、means(手段 p.75)ともよく結び付く

・資源の有効活用
the **efficient** use of natural resouces

237

■ constant / kánstənt / 形
constantly / kánstəntli / 形副
一定の　絶え間ない、絶えず

「規則正しく起きる」ということを表す単語であるため「一定の」という意味になるが、実は「ずっと起きていること」、つまり「絶え間ない」という意味も含まれる。副詞のconstantlyは後者の意味に近く、「ずっと」や「絶えず」、「よく」(oftenより頻度が高い)という意味になる。

よくあるミス

・一定の距離を保つ
- △ keep a constant distance
- ○ keep a **certain** distance

a constant distanceという言い回しはあるが、「常に変わらない距離」という意味である。日本語で「一定の距離」を保つという場合は、「ある程度の距離」を保つことになるため、文脈によって使いどころを判断しよう。

頻出

・一定の速度/割合で
at a **constant** speed/rate

・その工事は絶え間ない騒音を発生させている。
The construction makes **constant** noise.

・常に地震の恐怖にかられながら生活している
live in **constant** fear of earthquakes

・絶えず変化している
be **constantly** changing

■ equal / íːkwəl / 形
等しい　平等な

　簡単にいうと「同じであること」。2つの
ものの大きさ、価値、重さなどが同じとな
れば、訳としては「等しい」となる。また人
に与えられる機会や権利が同じとなれば、
「平等な」となる。

よくあるミス

- この二冊の本は大きさが等しい。
  - × The two books are as big as
    each other.
  - ○ The two books are **equal** in
    size.

  as~ as は「大体同じ」を意味するので、まったく
  もって等しい場合には使えない。

頻出

- ～と数が等しい
  be **equal** in number to ~

  in の後は value（価値）、height（高さ）、length
  （長さ）などがよく続く。

- 平等に扱われる
  receive **equal** treatment

  「～と平等だと感じる」は feel equal to ~。

- まったく/ほとんど/大体等しい
  exactly/almost/roughly **equal**

  「平等な」の意味で用いるときは他にも rights
  （権利）や opportunities（p.214）、access（p.101）
  などと相性がよい。

＊「匹敵する」を equal to と訳すのは間違
いとなる可能性がある。「匹敵する」とは
「同じくらいだ」という意味だ。つまり、
まったく同じではない。それに加えて、
日本語の感覚として「匹敵する」には若
干の優劣の感覚もあるのではないだろう
か。このことから、「匹敵する」はどちら
かといえば as ～ as に近いことが分かる
だろう。equal to で問題ない場合もある
が、「匹敵する」を英語にするときは、そ
れがどのような意味で使われているか
しっかり把握しておこう。

＊先に as ～ as は「大体同じ」という意味だ
と述べたが、それなら almost/roughly
equal と同じ意味ではないかと思うかも
しれない。実は少しだけ異なる。as ～ as
は主語が2個目の as の後ろと同じ、もし
くは後ろの方がまさっているという優劣
のニュアンスが伴う。しかし equal に優
劣はない。

239

■ except / eksépt / 接 前
〜を除いて　〜以外に

「〜を除いて」、「〜以外に」という認識で間違いはないが、特に「あるものが除かれること」を強調する語であることには留意しておきたい。文頭では except 単体では使えないことに注意。

よくあるミス

- 彼女以外に5人が会社を辞めた。
  - × Five people left the company, except for her.
  - ○ Five people left the company **but** not her.

この場合の「以外に」は「彼女の他に」である。except はあくまで除外であることを忘れずに。besides は口語なので試験のライティングでは使わない方が良い。

- 発音を除いて、彼の英語は完璧だった。
  - × His English was perfect except his pronunciation.
  - ○ His English was perfect **except** for his pronunciation.

except は文頭や「特定の一点以外に」といいたい時には使えない。この場合は発音という「特定の一点」のため、except for の形になる。

頻出

- （特定のもの、特定の一点）〜を除いて
  except for 〜

- Sが〜であることを除けば
  except (that) SV 〜
  that はしばしば省略される。wh〜節、if〜節も用いられる。

240

■ bilingual / bàilíŋgwəl / ⓒ 形
2か国を操る

「2か国語話者」という名詞の意味もある。また形容詞で「2か国語で書かれた / が話される」という意味にもなる。可算名詞としてよりも形容詞として用いられることの方が多い。

よくあるミス

- たくさんのバイリンガル
  - △ many bilinguals
  - ○ many **bilingual** people
  1つめは×ではないが、頻度は低い。

頻出

- A語とB語のバイリンガルだ
  be **bilingual** in A and B

- 2か国語辞典（英和辞書など）
  a **bilingual** dictionary

＊「バイリンガル」は日本語ではよく「日本語以外も勉強している人」として使われる言葉だが、英語では基本的に2つの言語を同じレベルで扱えることをいう。同じレベルまでとはいかずとも2つの言語に習熟している場合は partially bilingual などとすることもある。日本語の「バイリンガル」とは乖離があることを知っておこう。また1つの言語しか話せない人は monolingual 形、何か国語も使える人を multilingual 形ということを知っておくと便利。

■ alternative
/ɔːltə́ːnətɪv / 形 Ⓒ
代わりの、代わりとなるもの

「元のものとは違うもの」の意から「代わりとなる」という意味になる。必ず名詞の前で用いること。名詞では「代わりのもの」という意味だが、イディオム以外では言いたいことが曖昧になりがちなので注意が必要。

頻出

• ～に代わる良い方法がある。
  have a good **alternative** to ～
  There is a good **alternative** to ～
  an alternative to ～(～の代わりとなるもの)が頻出。suggest(提案する)、provide(示す)などとも相性が良い。

• 代わりがない。
  have no **alternative**

• それが最も良い代替案に思える。
  It appears to be the best **alternative**.

• 代替案
  an **alternative** idea(plan)
  way/method(方法)、suggestion(提案)などと相性がよい。

＊「昔は貝がお金の代わり」という文章を英文にしたい場合、これに substitute A (for B)「(Bの代わりに)Aを用いる」や alternative(alternative of money)を用いることはできない。なぜなら貝自体が通貨そのものであり、今の紙幣や硬貨の代わりに使っていたわけではないからだ。

■ ideal / aɪdíːəl / 形 Ⓒ
理想的な 理想の、理想

ideal は、実際にありうる中での「理想」と実際にはありえない「理想」という2つの意味を持つ。前者は best や perfect に近いニュアンスだ。名詞になると「理想的な姿」という意味と、「(達成したい)理想」という意味を持つ。

頻出

• ～に理想的である。
  be **ideal** for ～
  「～するのに」の場合は to V ～。

• (～の)理想とは程遠い
  be far from **ideal** (for～)

• 彼は教師の鑑だ。
  He is an **ideal** of the teacher.
  現実の話をするときのみに使うようにすること。

• 理想を追求する
  pursue an **ideal**

＊ opportunity(機会)や condition(状況)とも相性が良い。

＊ an ideal world(理想の世界)は理想だが叶いそうにないもの。the ではなく an となっているのは、理想の世界というものが特定可能なものではないためだ。

243

■ willing / wílɪŋ / 形
進んでする　構わない

　be willing to V ~ は「～したがる」と訳
されるが、本来のニュアンスからみるとあ
まり適していない。willing は「本当はした
くはないが、他人から求められたりして必
要なら進んでやろう」としていることをいう。
つまり意志の面ではプラスではないのだ。
ただし willing が名詞（人を指すもの）の前
に置かれるときは「自発的にやろうとする」
というニュアンスを持つことがある。

例

- （必要なら、求められたら）~を喜んでやる
  be perfectly **willing** to V ~
- （自分がやろうという意志を持っている）自発的な
  ボランティア
  a **willing** volunteer

244

■ friendly / fréndli / 形
優しい　友好的な

　「ある人に対してプラス（積極的に助けた
りする）のイメージを持つこと」を表す。日
本語での「フレンドリー」と似た意味を持
つが、ライティングにおいては人以外に用
いることが多い。本来はかなり幅が広い単
語だがそのすべてを正確につかむのは難し
いため、友好的な、もしくは優しい（人なつっ
こい）というイメージを表したいときに用
いる。

頻出

- ~にとって優しい、友好的だ
  be **friendly** to ~
  人だけでなくものにも用いることができる。
- ~と仲が（すごく）いい
  be (very) **friendly** with ~
- 友好国
  a **friendly** nation
- 子供に / 環境に優しい社会
  a child/environmentally **friendly**
  society

■ vital / vάitl / 形
極めて重要な　命に関わる

　もしそれがなければ重大な問題が生じる
ほど、「必要なもの」のこと。生命の維持に
関してのことをいうことが多く、その場合
は、名詞を修飾して「生命の維持に必要な」
「命に関わる」という意味になる。

よくあるミス

・命に関わる事故

{ × a vital accident
{ ○ a **fatal** accident

vitalはあくまで「命の維持に関わるもの」という
ニュアンス。病気、怪我などの死にまつわる意
味で「命に関わる」というときはfatal、もしくは
life-threating。

頻出

・~するのは /Sが~するのは極めて重要だ。
　It is **vital** to V/that SV ~
　absolutelyをつけるとより必要不可欠に近づく。
　もともとvitalはnecessaryも包含する。

・（心臓などの生命維持に）重要な器官
　vital organs

・重要な要素
　a **vital** component (ingredient)

・重大な情報
　vital information

＊「（人）にとって重要だ」では、vital for
sb, to sbの両方が用いられる。なお、自
分の意見を述べる場合にはこれらを使う
必要はあまりない。自分の意見であるこ
とはfor/to meをつけなくても分かるた
めだ。

■ original / ərídʒənl / 形
最初の（根源的な）　独創的な

　あるものの最初のもの、だから「根源的な」
「元の」という意味を持つ。また、「他のもの
とはまったく違って新しい」という日本語
のオリジナリティに似た意味もある。原画
など、「あるものの贋作ではない本物」も表
すがなかなか使う機会はないかもしれない。

よくあるミス

・本を元の場所に戻す

{ △ put a book to the original place
{ ○ **put back** a book

put a back to the original placeは冗長であまり
使われない。「元の場所に戻す」にはput backが
一番適している。「元の状態に戻す」なら、**make
it/restore to the original**ということもできる。

頻出

・非常に独創的な考え
　a highly **original** idea

・単語の元の意味
　the **original** meaning of the word

・原画
　an **original** painting

247

■ latest /léitɪst/ 形 Ｕ
最新の

「最新であること」。recent よりも幅が広く、情報にまつわるものによく使われる。またほとんどの場面で the か sb's がつくことも覚えておく。形容詞では、必ず名詞の前で用いる。

頻出

- 遅くても~までに
  at the latest by ~
  名詞の latest は使いこなすのが難しいので、コロケーションが合っているか分からなければ基本的にこれ以外では用いない方が良い。この表現でもネイティブによっては違和感を持つことがある。

- 流行に追いつこうとする
  try to keep up with the **latest** trend(s)
  the latest fashion（最近の流行）という表現もある。

- 最新の研究によると、
  According to the **latest** research,

* 「最も遅く~する人」は the last person to do ~、「最も新しく~する人」は the most recent person to do ~ である。形容詞 late の最上級 latest（最も遅い）も、「最新の」の意味の latest も使わない。last, latest（最も遅い）の区別は、「最後」が last、「途中まででもその段階での最後」が latest と覚えるとよい。

248

■ remote /rɪmóʊt/ 形
人里離れた（遠い）　遠い昔の

一言で表すと「遠い」。それが物理的に人が住むようなところから遠い場合は「へんぴな」、時間的に遠いなら「遠い昔の」となる。他の意味もあるがこの2つが使えれば問題ない。

よくあるミス

- リモコン
  [× a **remote** controller
  [○ a **remote** control
  a remote でも同じ意味になる。

例

- へんぴな場所/村
  a **remote** area/village

- 遠い昔に
  in the **remote** past

* remote はほとんどの場合で「場所が遠いこと」、または「リモコン」の意味で使われる。

■ initial / ɪníʃəl / 形
最初の

ものごとの「最初の」という意味。必ず
名詞の前で用いること。first も似た意味
を持つ。initial は「ものごとにいくつか段
階がある中で最初の段階」を指し、first は
「second, third と数字で表せるものが続い
ていく中での最初の段階」を表すという区
別はあるが、実際には厳密には区別されな
いことも多い。

頻出

- 最初の段階
  an **initial** stage
  initial stage は複数形となることが多い。

- 頭文字
  an **initial** letter

- 最初の反応は良くないものだった。
  The **initial** response was negative.

*名詞での意味も確認しよう。initials は
first name（名）、family name（姓）両方
をイニシャルで表したものを指す。Sato
Taro という人がいたら、TS となる。
initial は first name のみイニシャルで表
したものを指すため、T Sato となる。

■ sharp / ʃɑ́ɚp / 形
急激な はっきりと

「切れる程するどい」というニュアンス
である。それが「ものの鋭利さ」を指すのか、
頭（sharp mind 切れる頭）なのか、痛み（a
sharp pain 鋭い痛み）なのかは場面による。
ここでは「量的、数的に鋭く増減する」とい
う意味での「急激な」と、「違いを明確にす
る」という意味での「はっきりと」をメイン
に扱っていく。

よくあるミス

- ～のはっきりとした違い
  { × big differences in ～
  { ○ **sharp** differences in ～
  「大きな違い」は big や large などで構わないが、
  違いの境界が明確にある場合は sharp を使う。

頻出

- ～とは対照的に
  in **sharp** contrast to ～

- ～の急激な増加があった
  There was a **sharp** increase rise ～

- ～の急激減少があった
  There was a **sharp** decline/fall in ～

251

■ accurate / ǽkjərət / 形
正確な

　正しい基準があり、その基準に正確であることをいう。機械、情報、統計、説明、数や量などに対してよく用いられる。

よくあるミス

- 彼の時計は正確だ。
  - × His watch is correct.
  - ○ His watch is **accurate**.
  - ○ His watch keeps **accurate** time.

  時間には正しいとされる基準値があるため、accurateが適切。correct/rightについてはp-。

重要

- ～について正確な情報を得る。
  get **accurate** information about ~
- ～はそこまで正確でない
  not be **completely** accurate
- ～はかなり正確だ
  be fairly **accurate**
- （もの）によって～について正確な判断ができる。
  Sth leads to **accurate** judgment about ~

252

■ sudden / sʌ́dn / 形
突然の　突然で　急な　急で

　「急な変化」という表現は、「突然の変化」、また「一気に起こる変化」の2通りに解釈できるが、どちらも英語では sudden change と表すことができる。名詞の前でなくても用いることができる。

頻出

- ～の急な変更（変化）
  a **sudden** change of/in ~
- 突然に
  all of a **sudden**
  suddenly（急に）の方が一般的。
- ～の急な上昇/下降
  a **sudden** increase/decline in ~
- 私たちは予期せぬ地震の脅威にさらされながら生きている。
  We live under the threat of a **sudden** earthquake.
  「予想できないために急に＝予期せぬ」と考えるとsuddenを使用できると考えられる。

■ rational / rǽʃənəl / 形
合理的な

「推論に基づいて判断する」。そのため「合理的な」になる。ただしあくまで言動にのみ用いる。

頻出

- 合理的な説明を受ける。
  receive a **rational** explanation

- ～はまったくもって合理的である。
  be perfectly **rational**

- 合理的でない見方
  a non-**rational**/**irrational**
  perspective
  non-rational/irrationalで「合理的でない」になる。irrationalの方が一般的。

* **decision**（決断）、**thought**（考え）、**action**（行動）、**method**（方法）などとも相性が良い。なお副詞のrationallyは決まったコロケーション以外で使うのは難しく、**think rationally**（合理的に考える）で使われることが多い。

■ proper / prάpɚ / 形
適切な　（社会、法規的に）**正しい**

「目的や状況を考えると正しくベストであると多くの人が考えている」という意味。これを自然な訳語にすると「適切な」となる。この意味で用いるときは必ず名詞の前に置くこと。「社会的に、または法規的に正しい（適切である）」という場合にも使われる。

よくあるミス

- パソコンの正しい使い方
  - × an appropriate way to use computers
  - ○ a **proper** way to use computers

  かなり多いミス。ものの使い方にはproperを用いることが多い。詳細は下記を参照。

頻出

- （人）にとって～することが（社会的に）正しい
  It is **proper** for sb to V ~
  単に「適切な」という意味の場合にはこの語法は使えないことに注意しておこう。

- ～する適切な方法
  a **proper** way to V ~

* **suitable** や **appropriate** といった類義語との区別をしておく。suitable はある目的を達成するために「適した」もしくは状況的に「正しい」という意味。appropriate は proper にある「ベスト」というニュアンスがないことが多い。「（もの）の使い方」に appropriate を使うことが少ないのはこのためだ。

■ convenient / kənvíːnjənt / 形
inconvenient / ìnkənvíːnjənt / 形
便利な　都合の良い、不便な　都合の悪い

convenient は問題が起こらなかったり、役に立ったりすることから「便利な」、「都合の良い」という意味になる。inconvenient は後に問題が起こるかもしれない「不便な」「都合の悪い」という意味になる。

よくあるミス

- もしあなたの都合がよろしければ/悪ければ
  - × If you are **convenient**
  - ○ If it is **convenient** for you

  この場合は人を主語にとらない。もし使ってしまうと「都合のいい人(便利な人)」になってしまう。

- コンビニ
  - × a convenient store
  - ○ a **convenience** store

頻出

- 都合のいい/悪い日に

  on a **convenient/inconvenient** day

- クレジットカードは持ち歩くのに便利だ。

  Credit cards are **convenient** to carry around.

＊「便利な世の中」という表現を convenient world とするのは間違いではないだろうが好ましい表現とはいえない。結局何がいいたいのか曖昧過ぎるためだ。もちろん、条件や例示が伴っていればその限りではないが、試験のライティングではふんわりとした表現は書かないこと。

■ stable /stéɪbl / 形
安定した

「安定していて変わりそうにない、動きそうにない様子」。人に用いると「冷静沈着」に近いニュアンスになる。ものに用いればそのまま「安定している様子」を表す。次に示すsteadyと比べると、stableは「一時的な安定」を示すことが多く、そのため変わりやすい人の感情などとも相性が良い。

頻出

- (病気の人が)安定した状態で
  in (a) **stable** condition
  イギリス英語ではaがつく。病人に限らず単に安定した状態にも使えるが、in the/a condition となり冠詞が必要。

- 冷静沈着な女性
  a **stable** woman

- 机が安定している
  A desk is **stable**.

- 比較的安定した社会
  a relatively **stable** society
  他にrelationship(関係)などとも相性が良い。

■ steadily /stédəli / 副
steady /stédi / 形
着々と、安定した 固定の

steadilyは「徐々に」だが、「止まることなく」というニュアンスであり「着々と」に近い意味になる。graduallyと近い日本語訳になることもあるが、「継続性があってよどみないさま」をいいたいときはこちらを使う。steadyも形容詞として「着実な」という意味を持つが、「安定しているさま、一定であるさま」を表すことが多い。stableより強固で長期的な場合に使われることが多い。

よくあるミス

- 着実により良くなる(改善する)
  × get better certainly
  ○ **steadily** get better
  この場合は「絶対に」というよりは「どんどん」というニュアンスだろう。日本語に惑わされないようにしよう。

頻出

- 着実に成長する(増大する)
  grow **steadily**

- 堅実に仕事をする
  work **steadily**
  この場合は「確かに仕事を進めていくこと」を意味する。

- 定職に就く
  get a **steady** job
  「固定で就いている仕事」を表す。

- ~を固定する
  keep ~ **steady**

- ~は着実に進歩する
  ~ make **steady** progress

258

■ regardless of
/ rəgáəⁱdləs əv /
関係なく

ofをつけ忘れる人が続出。regardless of は常にセットである。絶対に忘れないこと。以下の表現に注意しておこう。

頻出

- 性別に関係なく
  regardless of sex/gender

- 人は性別に関係なく家事をすべきだ。
  People should do housework
  regardless of their sex/gender.
  この場合、「彼らの性別」なのでtheirをつけ忘れることのないように

＊「みなす」といいたいとき、regard A as B（AをBとみなす）が紹介されることが多いが、ネイティブスピーカーはそこまで使わない。よく使われるのはsee A as Bだ。

259

■ public / pʌ́blɪk / 形
国民全体の　公共の

この語は大別すると3つの意味に分かれる。
①「ある国の国民すべて」という意味から「国民全体の（ための）」「公共の」。
②「誰にでも利用できる」という意味で「公共の」「公衆の」。
③「政府、公的な機関が行う」などの意味から「公立の」、「公共の」。

よくあるミス

- 公用語
  { × a public language
  { ○ an **official** language
  公という字に惑わされないこと。officialの説明はp.160を参照。

頻出

- ～は公共の利益になる
  ~ be in the **public** interest　①
  ネイティブによっては不可算名詞で「大衆」を表すpublicを使い、in the public's interestにした方が良いとする人もいる。

- 公共事業/社会奉仕を行う
  operate **public** services　③
  public serviceは社会奉仕という意味では具体的に「ある社会奉仕」ならば可算名詞となる。単に「政府の行う公共事業（health care等を含む）」といいたい場合には複数形になることが多い。

- 公共交通機関を使って
  by **public** transportation　②

- 公共の場で
  in **public** places　②

■ official / əfíʃəl / ©形
役人、公的な　公式の

可算名詞で「公的機関の職員」、「役人」、「公務員」を表す。しかし堅い表現なので、日常的には**work for the govenment**のような表現を使うのが適切。形容詞では、重要な職務に関する「職務上の」という意味、また公的に認められた、つまり「公式の」という意味も重要。

名詞

・官僚
  a government **official**
  ライティングでは問題ないがかなり堅い表現。

・地方公務員
  a local **official**
  「市役所（city hall）職員」といいたい場合は上記と同じように work for ~ とした方が良い。

形容詞

・公式の説明
  official explanation
  「真偽のほどは不明」という含意がある。

・公式な統計
  official statistics

・～の公務（公的なポジションにある人の仕事）
  one's **official** duties

＊形が似ている official©は「軍隊の将校」「警察官」、「役人」を表す。「役人」の意味では official が任命され権限を持つ人を指す場合が多いのに対し、officer は「単に公的機関で働く人」を指す。そのため、official は officer よりも地位が高いといえる。

■ potential / pəténʃəl / 形
潜在的な　可能性のある

「ものが発展する可能性や潜在性」を表すことは、名詞の potential で説明した通り（p.112）。結果を示す語との相性が良い。必ず名詞の前で用いること。

頻出

・潜在的な危険
  a **potential** danger/risk

・潜在的な利益
  potential benefits

・潜在的な市場
  a **potential** market
  経済用語として、user（ユーザー）、consumer（消費者）などとも相性が良い。

262

■ annual /ǽnjuəl/ 形
年間　1年の

───────────

　「年に一度の」だけ覚えていてもこの単語を十分に使うことはできない。「1年間を単位として」という意味で「1年の」という訳語になることも把握しておく。なお、名詞の前に置かれることが多いことも知っておこう。

【頻出】

- 年収

  an **annual** income
  人の年収や機関の年間の収入にも使える。
  annual salesは「年間売上高」。

- ～の年間成長率

  ~'s **annual** growth rate

- 1年単位で

  on an **annual** basis

- 毎年恒例サッカー大会を開く

  hold an **annual** soccer contest

＊「annual event= 年中行事」と丸暗記してはいけない。年中行事は祭りなど特定の時期に行われるものを指すが、annual eventはそれだけでなく、1年ごとに毎年行われるようなイベントを指す。だから例えば、体育大会も annual eventに含まれる。そのため「毎年行われる」「毎年恒例の」や「例年の」という訳語になる。

263

■ unique /juːníːk/ 形
独特な　唯一の

───────────

　「unique=面白い」ではない。uniqueは、ネイティブによっては良い意味で独特というニュアンスで使う人もいるが、基本的には良い、悪いという感情を入れない使い方をすることがが多い。uniqueは「**only one**」、というニュアンスだと理解しておこう。そう理解しておけば「独特な」、「唯一の」、「他にない」といった訳語になる理由も分かるはずだ。なお、不定冠詞はaを用い、anは使わないことも重要。

【よくあるミス】

- 人間特有の

  × be peculiar to humans
  ○ be **unique** to humans
  peculiar(p.146)はマイナスのニュアンス。単純に「もの、人に特有のもの」であるときはunique toを用いること。

【頻出】

- 独自の方法で

  in a **unique** way

- ～は他にない経験をさせてくれる。

  ~ provide a **unique** experience

- 人はみな違う、同じ人なんていない。

  Every person is **unique**.
  「一人ひとりが唯一のものである」という意味。

＊only(p.258)との違いが難しいかもしれない。onlyは指紋のようにそれぞれのものが固有に持つものやあるものだけに属するものというときの「唯一の」である。

■ once / wʌ́ns / 副接
一度　かつて

「一度」という意味と「かつて」という意味を知っていれば問題はないだろう。

よくあるミス

・彼らはかつて仲が良かった。
> × They were close friends once.
> ○ They had **once** been close friends.

彼らの仲が良かったのは過去の一点ではなく過去のある期間だ。「一度」の意味にひきずられて過去形にしないこと。

例

・週に一度
once a week

・2か月に一度
once every two months

・いったん(人)が〜すると
(if/when) **once** sb does 〜
条件節で用いると「いったん〜すると」の意味を持つ。if/whenがなくても条件節として扱える。

・一度に、即座に
at **once**

・時々
once in a while

・再び
once again

■ approximately
/ əprɑ́ksəmətli / 副
約　大体

　数的、量的な意味での「おおよそ」を表す単語。時間にも用いることができる。同じく「約」という意味を持つaboutと意味上の区別はない。日常的に使われるのがabout、科学に関する文章などによく使われフォーマルな印象を与えるのがapproximatelyと考えて良い。

例

・約1年前
approximately a year ago

・約50億円の価値を持っている
have a value of **approximately** 5 billion yen.

＊類義語と呼ばれるものと区別しておこう。
around… 数字や時間の「大体」を示す。「大体」からわかる通り、個人の主観的な推量が入ることがある。

roughly… 一般的な考えの中での「おおよそ」を示す場合が多い。
e.g.) 日本とメキシコの人口はほとんど同じである。
The populations of Japan and Mexico are roughly equal.

＊なお、類義語は使いどころが難しいので、使うべきか分からない時には、他の類義語の意味も包含するaboutを使うとよい。

266

■ gradually / grǽdʒuəli / 副
徐々に　次第に

「長い時間をかけてゆっくりと」という意味。訳は「徐々に」になる。他にもさまざまな訳語になるが根本的な意味の理解さえできていれば対応できるはず。

頻出

- だんだん難しくなる
  gradually become more difficult
- 次第に分かる（分かっていった）
  gradually learn (ed)
  learnの項 (p.15) を参照。いつでも「分かる ＝learn」ではない。
- 徐々に英語が上手くなっている。
  I am **gradually** improving my English.

＊過去形は過去の一点を指すものだと覚えている人もいるかもしれない。graduallyは過去形では使えないと思われがちだが、使ってもまったくもって問題がない。

267

■ beneficial / bènəfíʃəl / 形
有益な　有意義な

対象にとって良い影響、結果を生むために「有益な」という意味だ。そのためeffect, impactなど「結果」という意味の語との相性は抜群。

よくあるミス

- 有益な情報
  { × beneficial information
  { ○ **valuable** information
  これは定型表現として覚えておくと良い。

頻出

- 有益な効果
  beneficial effect
- ～にとって非常に有益だ
  be highly **beneficial** to ~

＊beneficialは「有意義な」と訳されることもあるが、「有意義な」も「良い結果、影響をもたらす」ということであるためbeneficialを使えるのだ。ただし、コロケーションが難しいので、もし不安な場合は同じく「有益な」とも訳される**useful**（役に立つ）, **valuable**（価値のある）, **helpful**（役に立つ）などを用いることも考えておこう。

■ moral / mɔ́ːrəl / 形
道徳の 道徳上の 道徳の分かった

　基本的に、形容詞として名詞の前で使うことが多い。正誤や善悪の基準を表し、「道徳の」、「道徳上の」といった意味になる。「個人の考えとして正しい、道徳的に良い」と考えているものにも当てはまる。

頻出

- 道徳の問題
  a **moral** issue

- ～する道徳的義務がある
  have a **moral** duty to do ~
  己の道徳と照らし合わせてやらなければいけないと考えている義務。

- 道徳的基準（倫理観）を共有する社会
  society with shared **moral** values

- 道徳上のジレンマに陥っている
  be caught in **moral** dilemmas

* **ethics**（倫理）、**ethical**（倫理的な）との区別をしっかりつけてしておこう。**ethics**は簡単にいうと社会通念としての倫理。**moral**は個人の道徳に基づくものである。そのため、両方とも「倫理」として訳されることはあるものの、必ずしも一致するわけではないのだ。

■ past / pǽst / 形名
過去、過去の 過ぎ去った

　名詞の意味は「過去」で、必ずthe pastで用いられることさえ知っておけば問題ない。実は形容詞としての用法で使いこなせない人が多い。「過去」といっても、2通りの解釈ができる点に注意しよう。1つめは、「過去の出来事」のように、過去の一点を表すもの。2つめは、「過去20年」のように、過去の点から現在までを表すもの。pastは両方の意味に使える。これらの意味のときは必ず名詞の前に置く。「過ぎ去った」「終わった」の意味では時間的、あるいは場所的にあるものを通り過ぎたことをいう。

頻出

- 遠い過去に
  in the distant **past**
  「過去に生きる（回顧主義である）」は live in the past

- 過去から学ぶ
  learn from the **past**
  「過去のものとなる」become a thing of the pastのpastも同じ意味。

- 過去の経験
  past experiences

- 過去十年にわたって/の間に
  over/during the **past** decade
  decadeは10年を表す。20年は two decades

- 12時過ぎだ。
  It is **past** 12 o'clock.
  「とっくに」の場合は long past

270

■ aging / éɪdʒɪŋ / 形 Ⓤ
高齢化する、老化

不可算名詞で年をとっていくこと（老化、高齢化）の意味にもなるが、形容詞で名詞の前に置き「高齢化する（年をとる）〜」と修飾する用法が頻出だ。

頻出

- 高齢化社会
  an **aging** society

- 老齢人口
  the **aging** population

- 人口の急速な高齢化
  the rapid **aging** of the population
  単に「老化」の意味でも用いられる。不可算名詞。

＊「少子高齢化」には定型表現がないため、「出生率（**birth rate** Ⓒ）が低下し、人口が高齢化している」というように表す。
　e.g.) 日本の少子高齢化
　　　 the falling birth rate and the aging of
　　　 the population in Japan

あくまで例の１つであり、書き方は他にも考えられる。

271

■ professional
/ prəféʃənəl / 形 Ⓒ
プロの　職業上の、職業従事者

日本語の「プロ」と同じ意味も持つ。つまり「何かで生計を立てていること」をいう。形容詞では必ず名詞の直前に置く。これらも重要だが、形容詞では「（主に特別な訓練が必要な）職業上の」、「職業の」、「専門家の」、名詞では「高度専門職に従事する人（医者など）」という意味も重要だ。この場合も形容詞は名詞の直前に置く。

頻出

- プロ野球選手／チーム
  a **professional** baseball player/
  team
  professional event（プロが参加するイベント）という使い方もできる。

- 職業学校
  a **professional** school
  「ある職業についての訓練を積む学校」という意味。

- 医療従事者
  a health **professional**
  医者や看護師など医療に携わる人のこと。

- 専門家のアドバイスを受ける
  take **professional** advice

■ entire / intáɪɚ / 形
whole / hóʊl / 形
全体の　全　〜全体

　どちらも「全体の」を意味し使う上で違いを意識する必要はない。しかし、どちらも後に続く名詞は一つのものごとを指す単数形となる。またどちらも、直後に名詞がつき、それ単体では補語にならない。

よくあるミス

・全世界
- × the entire/ whole countries
- ○ the **entire/whole** world
- ○ **all** the countries

entire も whole も複数形は続かない。all the countries（すべての国々＝全世界）といい換えられる。

頻出

・国全体
the **entire/whole** country
1つの国の全体を指す。

・地域一帯
an **entire/whole** region

・生まれてこの方
in one's **entire/whole** life
entire, whole life Ⓤ で「全人生、全生涯」という意味になる。

＊whole が全体を1つのかたまりとして見ているのに対し、entire は全体を構成する要素の1つひとつを意識しているという違いがある。

■ silent / sáɪlənt / 形
quiet / kwáɪət / 形
静かな

　silent… まったく音が出ていないことをいう。そのため音が小さいことから静か（e.g. 静かな楽器）であるときには使えない。また必ず名詞の前で使い、人が無口であるさまや意見を表明しないさまも表す。

　quiet…「音が小さく静かであること」をいうが、無音のときにも使うことができる。また平穏（閑静）であるさま、何も言わないさま、無口なさま、人がいないさまも表す。

例

・無口な人
a **silent** person

・黙り込む
fall **silent**

・〜について何も言わない
be **silent** on/about ~

・（人が）静かになる
go **silent**

・何も言わない、何も口出ししない
keep **silent**

・平穏な生活を送る
lead a **quiet** life

aware /əwéəʳ/ 形
conscious /kάnʃəs/ 形
気づいている

aware… 何かがあることに気づいている状態を表す。「〜（環境など）意識を持つ」の意味以外では名詞の前には置けない。

conscious… 何かを感じたり、分かったりすることから、「気づく」という訳になる。意味的にはawareと近い。「意識がある」、「意識的な」という意味になることが多い。「意識的な」、「〜（環境など）意識を持つ」の意味以外では名詞の前に置けない。

比べてみよう

- 彼はその問題に気づいていた。
He was **aware** of the problem.
単純に問題について知覚している。

- 彼女はその問題を意識していた。
She was **conscious** of the problem.
単純に知っているというよりも、そこに意識を向けているという感覚だ。

頻出

- Sが〜であること/〜をよく分かる
become well **aware** that SV /of ~

- 〜に気づかされる
be made **aware** of ~
make sb aware of ~ で（人）に「〜だと気づかせる」。

- 環境/社会意識の高い会社
a(n) environmentally/socially **aware** company

- 意識的な努力で
with **conscious** effort
conscious は、他には decision（決断）などとも相性が良い。

- 自意識の高い/安全意識の高い
self-/safety-**conscious**

* be aware/conscious that SV ~ は、be aware/conscious of the fact that SV ~ が省略されたかたちである。

■ intelligent / intélədʒənt / 形
smart / smάət / 形
clever / klévəɾ / 形
wise / wάɪz / 形
賢い

intelligent…人(動物)に「思考力、理解力、分析力がある」という意味での「賢い」。日本語で単に「頭が良い」というときのニュアンスに一番近いだろう。問題や発言がよく考えられていることを示す場合もある。

smart…「頭の回転の速さ」や「賢明さ」を表す語。しかし「賢いふりをした生意気な」という意味もある。イギリス英語で洗練されたさま(服装のかっこ良さや、体型のかっこよさ)も表す。

clever…イギリス英語では頭の回転が速いという意味での「賢い」。しかしアメリカ英語では「ずる賢い」の意味で使われる。

wise…選択に思慮があり、賢明な判断ができるという意味での「賢い」。また人に用いるときは賢さが人生の経験によって培われたものだという含意がある。

比べてみよう

- 彼らはすごく賢い生徒だ。
They are highly **intelligent** students.
一般的に知性といわれるもののレベルの高さを表す。

- 彼女は賢い子供だ。
She is a **smart** child.
テストで良い点を取れるような賢さではなく機転が利くような賢さを表す。

- 彼はずる賢い政治家だ。
He is a **clever** politician.

- 彼は賢い決断をした。
He made a **wise** decision.

頻出

- 知的生物
intelligent life

- 犬は賢い
Dogs are **smart**.

- 彼はとてもかっこいい。
He is looking very **smart**.

- すごく賢い
pretty **clever**

- ～するのは賢明だ/(人)は～するほど賢明だ。
It is **wise** to V ~/sb is **wise** to V ~

■ totally /tóʊtəli/ 副
completely /kəmplíːtli/ 副
まったく

　「まったくもって」、「すっかり」、「全く」、「完全に(completely)」という意味で使われる語。2語の区別は、totallyの方が少し口語的であり、ライティングでの頻度はcompletelyの方が高いというくらいの認識で問題ない。totallyは辞書上ではネガティブな文脈で使うという説明もある。確かにbe totally unacceptable(到底受け入れられない)など否定的な形容詞の前で用いられる傾向はあるが、文頭で用いる場合にはあまり区別は見られない。

頻出

• 電子書籍は紙の本に完全には取って代わらないだろう。
E-books may not **completely** replace printed books.
not completely は「完全には～ない」の部分否定表現。

• 全く違う問題
a **completely** different problem

• 全くもって反対だ。
I **totally** disagree.
「賛成、反対」を表明する文ではtotallyが用いられることが多い。

• 彼のアドバイスは完全に無視された。
His advice was **totally** ignored.
ignore は「(意図的に)無視する」という意味の動詞。

■ inner /ínɚ/ 形
internal /ɪntɚ́ːnl/ 形
内部の

　inner…単に「内側」、また「中心に近い内部のこと」を表す。「中心に近い内部」というと分かりにくいが、例えばある国の中央に近い市はinnerだ。ライティングでは「精神的、感情的に秘められたこと、考え」に使われることが多く、また「内密に行われていること」を指すことも多い。対義語であるouterは、「外部の」、または「内部の中心からは遠い部分のこと」をいう。

　internal…「内部の」といっても、こちらは内と外との区別を強調する側面がある。innerと同じく「精神的な内部」をいう場合もあれば、「国、組織、体の内部」をいう場合もある。通例としては後者を指す。なお、対義語である「外部の」はexternal。

頻出

• 秘めた感情/考え
inner feelings/thoughts

• ～の内部
an **inner** part of ~

• ～の隠れた動き(働き)
inner workings of ~

• 中心の市街地で
in an **inner** surburb
都市の中心近くにあるような市街地のことをいう。

• (ある組織内部の)治安を維持する
maintain **internal** security

• 体内時計が狂う
an **internal**/body clock is out of order

■ **ashamed** / əʃéɪmd / 形
 humiliated / hjumílièɪtid / 形
 embarassed / ɪmbǽrəst / 形
 恥ずかしい

　ashamed… 自分がしてしまったことに対して人として恥ずかしく感じる、社会的に恥ずかくなることをいう。日本語でいう「恥じる」に近いニュアンスになる。

　humiliated…「人に恥ずかしい思いをさせられて感じる恥ずかしさ」。humiliatingで「屈辱的な」となる。

　embarrassed… 人からどう思われているかを気にしたりするときの恥ずかしさ。「当惑する」、「きまりが悪い」に近い意味になる。例えば、大勢の前でスピーチするときに感じるような恥ずかしさにはembarassedを使うことが多い。

例

- Sが〜であることを恥じる
 be **ashamed** to that SV 〜
- 深く恥じ入る
 be deeply **ashamed**
- 〜によって恥ずかしい目に遭わされる
 be **humiliated** by 〜
- 屈辱的な敗北を喫する
 suffer a **humiliating** defeat
- 〜を／することを恥ずかしく感じる（きまりが悪く感じる）
 feel **embarrassed** about/at/to V 〜
- （人）に困ったように笑いかける
 give sb an **embarrassed** smile
- 恥ずかしくなる
 get **embarrassed**

■ vacant / véɪkənt / 形
empty / émpti / 形
空いている

vacant…「用いる人がおらず他の人が利用可能であること」を表す。「中身が空っぽであること」を指すことはできない。

empty…「空っぽであること」。中身が空っぽ、場所が空っぽ（誰1人いない）、使用する人が空っぽ（誰1人使わない）、心が空っぽなど様々な空っぽを表す。空であるだけで、他の人が利用できるかどうかの含意はない。

比べてみよう

• 空き部屋
  a **vacant** room
  人がいないことを表すのではなく、空いていて他の人が使えることを表す。

• 誰もいない部屋
  an **empty** room
  利用可能かどうかではなく中に誰もいないことを表す。

頻出

• a **vacant** lot
  空地

• トイレが空いている。
  The toilet is **vacant**.

• ～（の地位、ポジション）が空席になる
  become **vacant**
  フォーマルな用法。

• 空いているところ
  an **empty** space
  そこに何もないことを示す。

• 虚無感を覚える
  feel **empty**

■ **abstract** / æbstrǽkt / 形
vague / véɪg / 形
はっきりしない

---

　abstract…「考えなどが抽象的、理論的で、例や実際の出来事などの具体的なものが伴っていないこと」をいう。日本語でいう「抽象的な」に対応する。「抽象的な」というと曖昧で不明瞭なこととも捉えられかねないが、これは後述のvagueに当たる。

　vague…「不明瞭であること」をいう。そのため「漠然とした」という日本語になる。考えや感情を表す語との相性が良い。明確な境界がないときの「はっきりしない」という意味でも用いることができる。

頻出

* 抽象的な概念
　an **abstract** concept
　他にobstractは、idea（考え）、thought（思考）などとの相性も良い。

* 抽象的な表現
　an **abstract** expression
　ここでいう「抽象的な表現」は「曖昧な表現」ではない。

* ぼんやりと~を覚えている
　have a **vague** memory of ~

* 漠然とした不安を感じる
　feel a **vague** unease

* ~についてはっきり言わない
　be **vague** about ~

第2部
動詞

achieve	mix	cross
claim	acquire	vary
organize	distribute	differ
receive	estimate	charge
wonder	demonstrate	become
notice	escape	litter
observe	overcome	launch
save	double	affect-influence
feed	examine	complete-finish
check	install	replace-exchange
cover	cultivate	contain-include
fight	surround	win-defeat
exist	reflect	adapt-adjust
contribute to	expose	hurt-injure-damage
succeed in	doubt	bear-endure-survive-stand
revive	suspect	
engage in	compare	play-hang out-spend time
represent	broaden	resemble-take after-be similar to
predict	invest	
push	regret	fall-drop
afford (to V)	supply	specialize in-major in
ensure	consume	eliminate-delete
master	suffer	revise-amend
apply	search	fit-suit-match

■ achieve /ətʃíːv/ 他
達成する

　「ある目標を達成すること」。そのため、コーパスを見るとachieveの後ろにはgoal（目標）（p.246）が来ることが多いのが分かる。目標に定めたことを達成するニュアンスをしっかり掴んでおこう。その他ではsuccess（成功）などが続くことが多い。

頻出

- 子供の貧困を撲滅するという目的を達成する
  achieve the goal of ending child poverty

- 〜で成功を収める
  achieve success in〜

- 経済成長を成し遂げる
  achieve economic growth

- 楽しい生活をする（達成する）
  achieve an enjoyable life
  楽しい生活を目的に設定し、それを達成する。

■ claim /kléɪm/ 他
主張する

　客観的な証拠などはないが、「当然のこととして主張する」というニュアンス。
　アカデミックなライティングではなるべく人を主語にすることを避けるので〈**It is claimed that SV~**〉という形をとるのが望ましい。
　また、claimは「権利を主張する」というときにもよく使われる。

頻出

- Sは〜だといわれている。
  It is **claimed** that SV ~
  e.g.) キリストはここで生まれたと言われている
  It has been **claimed** that Jesus was born in this place.
  明確な証拠はないがそういわれていることなのでclaimを使う。

- 〜する/の権利を主張する
  claim the right to V/over ~

283
■ organize / ɔ́ɚɡənàɪz / 他
（組織、設立、計画、心などを）**整理整頓する**

　organizeには色々な訳があるが、根っこ
のイメージを掴んでおくと使える幅が広が
るので覚えておこう。
　イメージは、「ものごとを上手く機能さ
せるために整頓する」といった感じ。これ
を意識して例を見てほしい。

例
- 本を整頓する
organize books
本を取り出しやすくするために整頓する。

- グループを作る
organize a group
散らばった人々を1つのグループにまとめて機能
させる。

- 会社を設立する
organize a company
「同じ志を持った人々が目標に向かい働く場を整
える→会社を設立する」という訳になる。

- ストライキを計画する
organize a strike
「労働者が集団で会社に抗議できるよう統率する
→ストライキを計画する」という訳になる。

- 集中する
organize oneself
心を整理して何かに取り組もうとする。

284
■ receive / rɪsíːv / 他
受け取る　得る

　getよりも堅い語で、ライティングでは
よく使われる。「資金援助を受ける」など有
形のものに限らず「教育を受ける」や「注目
を得る」など目に見えないことにも使える。

頻出
- ～から資金援助を受ける
receive funding from ~

- 質の高い教育を受ける
receive a high-quality education

- ～についての情報を得る
receive information about ~

- ～から注目を浴びる
receive attention from ~

■ wonder / wʌ́ndər / 自他
疑問に思う　意外に思う

原義は「不確実な事柄に対して疑問に思うこと」。だから、不確実さゆえに腑に落ちないという状況にもよく使われ「意外だなぁ」というニュアンスが生まれた。それぞれどのように使うかをしっかり覚えよう。

頻出

- Sが～かどうか疑問に思う。
  wonder whether/if SV ～

- Sが～なのも不思議でない
  It is no **wonder** that SV ～

- ～に驚く
  wonder about/at ～
  訳は「驚く」だが、「意外だなあ」というニュアンスを掴もう。

- Sが～という事実を意外に思う
  wonder at the fact that SV ～

- Sが～ということを疑問に思う。
  wonder (that) SV ～
  that は省略されることが多い。

■ notice / nóʊtɪs / 他
気がつく

厳密には、実際に見る (**see**)、聞く (**hear**)、感じる (**feel**) ことで気がついたり自覚したりするという意味。注意点は進行形 (be noticing) では使えないこと。

よくあるミス

- 私はあなたが嘘をついていることに気づいている。
  - × I'm noticing that you are telling a lie.
  - ○ I **notice** that you are telling a lie.

例

- Sが～ということに気づくことは大切だ。
  It is important to **notice** that SV ～

287

■ observe / əbzə́ːv / 他
見る　観察する　気づく

注意深く見たり、その結果気づいたりすることを表す動詞。社会的な現象（**phenomenon**）や変化（**change**）、関係性（**relationship**）などが観察されるというときに使うとコロケーションが良い。

＊同じ「見る」でも see や spot よりも丁寧な印象を与える語で、ライティングでよく使われる。

例

- 同じような現象が過去にも見られた。
  A similar phenomenon was **observed** in the past.

- 大きな経済成長が中国で見られた。
  Drastic economic growth was **observed** in China.

- 変化が見られなかった。
  No change was **observed**.

- Sは〜だということが分かる。
  It is **observed** that SV 〜
  「観察した結果分かる」という意味。

288

■ save / séɪv / 他
貯める　節約する

日本だとゲームのデータをセーブする（save the data）というイメージが強いが、何かのためにお金（**money**）を「貯める」というときやお金（**money**）、時間（**time**）、体力（**energy**）などを「節約」するというときに使う方が一般的。

頻出

- 将来のためにお金を貯める
  save money for the future
  貯める目的とセットになっていることがほとんど。その場合の前置詞はfor〜（〜のために）を使う。

- 時間と体力を節約する
  save time and energy

- 資源を使い過ぎないようにする
  save resources

- 〜という手間を省く
  save from the trouble of 〜

289

■ **feed** / fíːd / 他
　（動物や人に）**食べものや餌を与える**
　（家族を）**養う**　（アイデアや情報を）**提供する**

　「食べ物や餌を与える」というイメージが強いが、そこから派生して「養う」という意味や、アイデア・情報などを「提供する」という意味にもなる。
＊活用形は、feed - fed - fed となる。

頻出

- 動物に餌をやる
  feed animals

- 5人の家族を養う
  feed a family of five

- 情報が会社に提供された。
  Information was **fed** to the
  company.
  The company was **fed** information.

290

■ **check** / tʃék / 他
　チェックする　確かめる

　「正しいかどうか、正常であるかどうかを確認する」という意味。日本語の「チェック」との差異はほとんどないが、使い方に気をつけよう。

例

- それが正しいかどうかを確かめる
  check whether it is correct

- パスポートをチェックする
  check passports

- Sが～であることを確かめる
  check that SV ～

＊「確かめる」を表す語には confirm もあるが、check が「正しいかどうかを確かめる」という意味なのに対して confirm は「正しいことを確認する」という意味。check にはまだ正しいという保証はないということ。

291

■ cover / kʌ́vɚ / 他
覆う　含む

「ものの表面を覆う」という意味で用いられる場合には**be covered with / by**のかたちで受動態になることがほとんど。

また、日本語でも「広範な分野をカバーする」というように、「含む」という意味でも使われる。

例

- その山は雪で覆われている。
  The mountain is **covered** with snow.

- その本は広範な分野をカバーしている。
  The book **covers** a wide range of topics.

- 様々な側面を含む
  cover different aspects

292

■ fight / fáɪt / 自他
戦う

---

fightは2者以上のグループや人がいることが前提となる。

自動詞で使う場合はA and B fight（AとBは戦う）など主語を2者以上にすること。

目的語をとる場合はA fight BまたはA fight with / against B（AはBと戦う）という風に書く。しかし「〜と共に〜と戦う」という場合にも fight with を使うので、A fight with B against C（AはBと共にCと戦う）としたり fight together with などにして敵か味方かを明確にすると良い。

例

- 2つの国が戦っていた。
  Two countries were **fighting**.

- その国はロシアと戦った。
  The country **fought**（with）Russia.

- 我々は貧困と戦わなければならない。
  We have to **fight** poverty.

■ exist / egzíst / 自
ある　存在する　現実にある

　訳を参考にして柔軟に日本語から英語へ
変換できるようにしよう。原則として進行
形（be existing）で使わないことに注意。
　相性の良い語句を覚えて表現の幅を増や
そう。

頻出

- Ａがするする機会がある。
  Opportunity **exists** for A to B.

- 神が存在するか否かという疑問
  question of whether God **exists**
  or not

- 消滅する
  cease to **exist**
  ceaseは「終わる」を表すので「存在することが終
  わる→消滅する」になる。

- グローバル化が進んでいる実情がある。
  Globalization **exists**.

■ contribute to~
/ kəntríbjuːt / 自　貢献する　要因となる

　「貢献する」というとプラスの意味で捉
えがちだが、マイナスの要因を指す場合に
も使える。例を見てイメージを掴もう。

例

- 子供の成長に貢献する
  contribute to children's develop-
  ment　（＋）

- 世界平和に貢献する
  contribute to world peace　（＋）

- 地球温暖化の要因となる
  contribute to global warming　（－）

- 貧困の要因となる
  contribute to poverty　（－）

295
■ succeed in ~ / səksíːd / 自
成功する

　類義語に **manage to V~**（～を何とか
やり遂げる）があるがライティングでは
succeed in を使うのが一般的。
　succeed for や succeed to にするミスが
多いので気をつけること。

例

* 痩せることに成功した
  succeeded in losing weight
  managed to lose weight より丁寧な表現になる。

* 出世する
  succeed in life

* 試験に合格する
  succeed in an examination

* 入学試験に合格する
  pass an entrance examination

＊「（試験などに）合格する」を表す動詞と
　して pass がある。ちなみに、pass は日
　本語だと「ボールをパスする」という意
　味で使われるが、英語でも pass the ball
　to~ で「～（人）にボールをパスする」とい
　う意味になる。

296
■ revive / rɪváɪv / 他
復活させる　よみがえらせる

　「生命の復活」に限らず、「伝統の復活」や
「経済の回復」などを表すときにも使うの
で覚えておこう。

頻出

* 経済が回復した。
  The economy **revived** itself.
  自動詞としての使い方（e.g. The economy
  revived.）もあるが、他動詞として使う方が多い。

* 伝統が復活した。
  The tradition was **revived**.

* 売り上げを回復させる
  revive sales

■ engage in ~/ engéɪdʒ /自
している　夢中になっている

　「従事している」という意味で訳されるが、イメージが湧きにくいならば単純に「～をしている」というイメージを持っておこう。その際、表し方が二通りある。

例

- (人が)～している
  sb is **engaged in** ~
  sb **engage** oneself **in** ~

- 私は貿易に従事している。
  I am **engaged in** trade.
  I **engage** in trade.
  「貿易の仕事をしている→従事している」となる。

- 議論に夢中になっている。
  be **engaged in** a discussion

- 人口の30パーセントが農業をしている。
  Thirty percent of the population is **engaged in** agriculture.

* engage oneself to~としてしまうと「～と結婚の約束をする」という意味になるので前置詞を間違えないように！

■ represent/ rèprɪzént /他
代表する　表す(象徴する)

　「集団や組織の代わりになること(代表)」や、「あるものが他のものを代わりに表すこと(象徴)」を意味する。
　進行形(be representing)で使わないことに注意。

例

- 赤はよく血や危険を表す(象徴する)。
  Red often **represents** blood and danger.

- ロボットは未来の人間を象徴する。
  Robots **represent** the future of humanity.

- 私は会議に会社の代表として出席した。
  I **represented** the company at the conference.

- 鳩は平和の象徴である。
  A dove **represents** peace.

299

■ predict / prɪdíkt / 他
予測する　予測する

　「まだ起きていない出来事を前もって予測すること」を表す。だから天気 (weather) や地震 (earthquake) など将来に起こりうるものとの相性が良い。使い方に気をつけて表現の幅を広げよう。

　未来の出来事を予測するので、will, would, might, could などの未来を指す助動詞をつける。

例

- S は S' が～するだろうと予測する
  S **predict** that S'
  will / would / might / could V ～

  科学者は世界が暖かくなるだろうと予測する。
  Scientists **predict** that the world
  will be warmer.

- S が～するだろうと予測されている
  It is **predicted** that S **will** V ～

  世界が暖かくなるだろうと予測されている。
  It is **predicted** that the world **will**
  be warmer.

- S は V ～するだろう
  S be **predicted** to V ～

  世界は暖かくなるだろう。
  The world is **predicted** to be
  warmer.

- 地震を予測する
  predict earthquakes

- 天気を正確に予測する
  predict weather accurately

300

■ push / púʃ / 自他
押す　押しつける

　物理的に何かを押す場合や人に何かを意識的に押しつけるという場合に使える。それぞれの使い方を覚えよう。

例

- ボタンを押す
  push the button

- ～を限界にまで追い込む
  push ～ to the limit

- 自分自身を心身共に限界にまで追い込む。
  I **push** myself to the physical and
  mental limit.

- (人) に～するよう勧める
  push sb to V ～
  push sb into sth
  recommend と比べ、押しつけるニュアンスが強い。

■ afford (to V) / əfɔ́əd / 他
余裕がある

「金銭的、時間的に余裕がある」という意味で使われる。

使い方が決まっているのでしっかり覚えること。

cannot afford, could not afford, not be able to afford のように助動詞＋否定文または疑問文で使うのが一般的。

肯定文で使うと「今までは余裕がなかったがやっと出てきた」というニュアンスになる。

また、「税金を払う余裕がない」というときにはaffordは使えないので注意する。自身の生活を豊かにしうるものに対してのみ使えるイメージだ。

よくあるミス

・税金を払う余裕がない。
- × cannot afford to pay tax.
- ○ cannot **pay** tax

例

・新しい家を買う余裕がない
cannot **afford** (**to buy**) a new house

・やっと新しい家を買う余裕ができた
could **afford** (**to buy**) a new house
肯定文なので「やっとできた」というニュアンスが含まれる。

■ ensure / inʃʊ́ə / 他
確実にする　保証する

make sure（確実にする）よりもフォーマルで、ライティングではよく使われる。

ensureは、成功（**success**）、質（**quality**）、正確性（**accuracy**）、安全（**safety**）、平等（**equality**）などと使われることが多い。

頻出

・〜の成功を確実にする
ensure success in 〜

・質を保証する
ensure quality

・データの正確さを保証する
ensure the accuracy of data

・子供の安全を確保する
ensure safety for children

・国民（市民）の平等を保証する
ensure equality for the citizens

303

■ master / mǽstɚ / 他
マスターする（習得する）

「難しいことを不自由なくこなせるくらいにまで熟達させること」をいう。

コロケーションとしては、言語や技術とともに使われることが多い。

例

- 外国語を習得する
  master a foreign language

- 新たな技術を習得する
  master a new skill

304

■ apply / əplái / 自
志願する　申請する

正式に学校や会社などの組織に属することを志願するときや、資格や権利を得るために申請するときに使われる。

どちらの意味で使うかによってapply toとapply forを使い分ける必要がある。

組織に志願する場合はapply to、資格や権利を得る場合にはapply forを使う。

よくあるミス

- 仕事に応募する
  - × apply to a job
  - ○ **apply for** a job

- 大学に出願する
  - × apply for a university
  - ○ **apply to** a university

頻出

- 会社に職を求める
  apply to a company **for** a job
  会社という組織に（to）、仕事をする資格（for）を申請する。

- 父親/母親の育児休暇を申請する
  apply for paternity/maternity leave

- 海外の大学に出願する
  apply to universities abroad

■ mix / míks / 自他
混ざる　混ぜる　混同する

物質同士が混ざり合う場合はもちろんのこと、色々な状況が入り混ざる場合やものごとを混同する場合にも使う。

表現方法を覚えて使えるようにしよう。

頻出

- 油と水は混ざらない
  Oil and water do not **mix** together.

- 仕事と遊びを混同する
  mix business and/with pleasure

- 目的と手段を混同する
  mix up ends and means

■ acquire / əkwáɪər / 他
得る　身につける

get よりもフォーマルな語で、ライティングではよく使われる。ただ単に「～を得る」ではなく「ある程度の時間をかけてやっと身についた」というニュアンスも覚えておこう。そうしたニュアンスゆえに、技術（**skill**）、能力（**ability**）、癖（**habit**）、評判（**reputation**）など、一朝一夕には身につかないものとの相性がよい。

とはいえ、「何かを買って得た」という場合にも問題なく使える。

頻出

- 技術と知識を身につける
  acquire skills and knowledge

- ～する能力を身につける
  acquire the ability to V～

- ～の/～する癖がつく
  acquire the habit of ～

- ～としての評判を得る
  acquire a reputation as ～

307

■ distribute / dɪstríbjuːt / 他
配る　行き渡らせる

「配る」と訳されるが「広く人々に何かを行き渡らせる」というときに使うと覚えよう。

使い方とコロケーションを覚えて自然な表現を身につけよう。

頻出

- AをBへ行き渡らせる
  distribute A to/among B

- ～を均等に配る
  distribute ~ evenly

- 情報を行き渡らせる
  distribute information

- お金を人々に均等に配る
  distribute money evenly to/amongst people

- 貧しい人々に食料を行き渡らせる
  distribute food among/amongst the poor

308

■ estimate / éstəmèt / 他自
見積もる　推定する

正確な計算や考慮をせずおおまかに数字（**number**）、費用（**cost**）、サイズ（**size**）、価値（**value**）などを見積もったり推定すること。数に関わることがほとんどであるため estimate は数字を扱う内容を伴うということを覚えておこう。

試験などで課されるライティングでは **It is estimated that SV~** のかたちで用いるとよい。

頻出の表現パターンを押さえて使えるようにしよう。

頻出

- Sは～だと推定されている
  It is **estimated** that SV ~

- ～だと推定されている
  be **estimated** to be ~

- Sは～だと見積もる/推定する
  estimate that SV ~

■ demonstrate
/démənstrèɪt/ 他
を証明する

根拠に基づいてものごとを論証すること。目的語には重要性(**importance**)、存在(**existence**)、効果(**effect**)、進歩(**improvement**)、関連性(**link**)、主語には研究(**research**)、発見(**finding**)、実験(**experiment**)、結果(**result**)といった語が来ることが多い。

頻出

- ～の重要性を証明する
  demonstrate the importance of ～

- 神の存在を証明できない
  cannot **demonstrate** the existence of God

- ～の進歩を証明する
  demonstrate improvement in ～

- AとBの強い関連性を証明する
  demonstrate a strong link between A and B

- 新しい研究によってSは～だと証明された。
  New research **demonstrated** that SV ～ .

■ escape/eskéɪp/ 他自
逃げる　まぬかれる

自動詞の escape from~ と他動詞の escape~ では意味が異なる。

escape from…「すでに置かれている状況から逃げ出す」という意味である。

escape…「自分の身に起こってほしくない出来事からまぬかれる」という意味である。
これらは混同されることがままあるが、ライティングで用いるときは原則に従いたい。

例

- 刑務所から逃げ出す
  escape from prison
  すでに捕まっていて、その状態から抜け出す。

- 刑務所に入るのをまぬかれる
  escape prison
  「刑務所入り」という嫌な出来事をまぬかれる。このように意味の区別ができるが、以下の場合は混同して使われる。

- 貧困から抜け出そうとする
  struggle to **escape** poverty
  「現実問題としての貧困から抜け出す」という意味だが、この場合fromをつけない方がよく使われる。

頻出

- 現実から逃げる
  escape from reality
  置かれている現実から逃げるのでfromがいる。
  c.f.) 現実逃避　an escape from reality

- 罰をまぬかれる
  escape punishment
  罰を受けずにまぬかれる。

311

■ overcome / ðùvəkʌ́m / 他
打ち勝つ　克服する

問題（**problem**）、困難（**difficulty**）、デメリット（**disadvantage**）、誘惑（**temptation**）、恐怖（**fear**）などに打ち勝つことを表す。

「～に勝つ」を表す win や defeat（p.206）とは後に続く目的語の種類が異なる。

頻出

- ～という問題に打ち勝つ
  overcome problems of ～

- 困難に打ち勝つ
  overcome difficulties

- 誘惑に打ち勝つ
  overcome temptation

- 恐怖に打ち勝つ
  overcome fear

312

■ double / dʌ́bl / 自他
2倍になる　倍増する　2倍にする　倍増させる

「何かの数（**number**）、サイズ（**size**）、価値（**value**）が2倍になる」と書きたいときは、自動詞で S double (s) in number/size/value（Sの数 / サイズ / 価値が倍増する）とする。

「何かがそれらを倍増させる」と書くときは他動詞で、S double (s) the number/size/value of～（Sは～の数 / サイズ / 価値を倍増させる）とする。

例

- その町は大きさが２倍になった。
  The city **doubled** in size.

- 政府はその町の大きさを倍増させる予定だ。
  Government will **double** the size of the city.

■ examine / ɪgzǽmɪn / 他
深く調べる　調査する

「重さを量ること」が原義であり、そこから「ものごとを深く調べる」という意味になった。吟味するというニュアンスがあるので、「ただ軽く調べる」という場合には使えない。

　主語には研究（**research, study**）や論文（**essay**）などがくることが多い。

　目的語には、関連性（**relation**）、違い（**difference**）、問題（**issue**）、データ（**data**）や how, what, which といった間接疑問文がくることが多い。

　また、examine that SV~（Sが~であることを深く調べる）のように that 節を続けることはできないので注意。

頻出

- ある研究がAとBの関連性を調査した。
  One study **examined** the relation between A and B.
- この論文はSが~かどうかを検証する。
  This essay **examines** whether SV~.
- どのようにしてSが~となるのかを深く調べる
  examine how SV ~

■ install / ɪnstɔ́ːl / 他
インストールする　設置する

「パソコンなどにソフトをインストールする」と書きたいときにはもちろん使える。それ以外には、「機械や装置などを設置する」という場合にもよく使われる。

　日本語では機械などを設置することを「セッティングする」というため、英語でも set a machine と書いてしまうパターンがよく見られる。正しくは **install a machine** または **set up a machine** となる。

頻出

- 新しい機械を設置する
  install a new machine
- 学校にエアコンを設置する
  install air conditioning in schools
- 防犯カメラを設置する
  install security cameras
- パソコンにソフトをインストールする
  install software on a computer
- アプリをインストールする
  install applications

315

■ cultivate / kʌ́ltəvèɪt / 他
(作物を)**栽培する**　　(土地を)**耕す**
(才能などを)**磨く**

　色々な意味を持つが、総じて何かを「育てる」というイメージを掴もう。それぞれの意味がどう使われるかを、コーパスデータを元に見ておこう。

頻出

- 畑を耕す
  cultivate a field

- 土地を耕す
  cultivate the land

- トマトを栽培する
  cultivate tomatoes
  grow(p.48)も使われるが日常会話寄り。

- 〜の腕を磨く
  cultivate one's skill in/of 〜

316

■ surround / səráʊnd / 他
を囲む

---

　be surrounded by~(〜に囲まれている)と受動態で使われることがかなり多い。もちろん能動態でもよく使うので両方の使用例を見ていこう。

頻出

- その町は森に囲まれている。
  The city **is surrounded by** forest.

- 〜を取り囲む環境
  an environment **surrounding** 〜

- AをBで囲む
  surround A with B
  e.g.) その場所をフェンスで囲む
  　　　surround the place with a fence

■ reflect /rɪflékt/ 他
映す　反射する

「鏡(mirror)や水(water)などが人やものの姿を反射して映し出す」というような物理的な面で使われる。

また、ものごとが現状(reality)、事実(fact)、違い(difference)、重要性(importance)、多様性(diversity)、変化(change)などを「比喩的に映し出す」というときにも使える。

頻出

・鏡が光を反射する。
A mirror **reflects** the light.

・その本は社会の現状を映し出している。
The book **reflects** social reality.

・(人/もの)はSが〜であるという事実を映し出している。
Sb/Sth **reflect** the fact that SV〜.

・〜の重要性を映し出す
reflect the importance of〜

・〜の多様性を映し出す
reflect the diversity of〜

■ expose /ɪkspóʊz/ 他
さらす　触れさせる

危険な状況や批判(criticism)などに人をさらす場合や、新しい考え(idea)や経験(experience)に人を触れさせる場合によく使う。プラス・マイナスどちらの文脈でも使うことができる。

be exposed to〜(〜にさらされる)もよく使われるので覚えておこう。

頻出

・自身を批判にさらす(批判を受ける)
expose oneself to criticism

・生徒に未知の経験をさせる
expose students to new experiences

・バイリンガル(2か国語が飛び交う)環境に触れさせる
be exposed to a bilingual environment

319

■ doubt /dáʊt/ 他
でないと思う 疑問に思う

ニュアンスはdo not thinkに近いということを覚えておこう。「~でないと思う」といいたいときはdoubt that SV~にする。「~かどうか疑問に思う」と言いたいときには doubt whether/if SV~だ。doubt thatの方がより疑いの念が強い表現になる。

進行形(be doubting)にはならないので気をつける。

頻出

- 私はあなたが家を買えるか疑問に思う。
  I **doubt** whether/ if you **can** afford a house.

- 私はあなたが成功しないと思う。
  I **doubt** that you **will** succeed.

- 私はAIが人間を超えることはないと思う。
  I **doubt** that AI **will** surpass human intelligence.
  doubt that, doubt whether/if の後には will や can が続くのが一般的。

320

■ suspect /səspékt/ 他
だと思う 怪しいと思う

think と近いニュアンスだということを覚えておこう。「~だと思う」というときは suspect(that)SV~と書く。ほとんどの場合、マイナスな文脈で用いられる。また「~を怪しいと思う」といいたいときには suspect~とする。

進行形(be suspecting)にはならないので気をつける。

頻出

- 私は彼が嘘をついていると思う。
  I **suspect** that he is lying.

- 警察は彼女が強盗だと思っている。
  The police **suspect** that she may be a robber.

- 彼は私を怪しいと思っている。
  He **suspects** me.

■ compare / kəmpéɚ / 他
比べる

ぜひ覚えておきたいかたちは、「AをB
と比べる」を表すcompare A with / and
Bである。同じ意味でcompare A to B
も使えるのだが、こちらは受動態（A is
compared to B）で使われることが多い。

ちなみに、アカデミックなライティ
ングでは目的語に結果（results）、発見
（findings）、データ（data）などが来ること
が多い。

頻出

- 自国の文化と他国の文化を比べる
  compare our own culture with
  others

- 自分と他人を比較する
  compare oneself to others

- 女性はよく男性と比べられる。
  Women are often **compared** to
  men.

- AとB両方の結果を比較する
  compare the results of both A
  and B

■ broaden / brɔ́:dn / 他自
広げる　広がる

broaden the road（道路を広げる）のよう
に何かを物理的に広げるという場合の他に、
経験（experience）、知識（knowledge）、
視野（horizons）、理解（understanding）、
心（mind）など、無形のものを広げる場合
にも用いられる。

頻出

- 経験を積む
  broaden one's experience

- ～についての理解を広げる
  broaden one's understanding of ～

- 視野を広げる
  broaden the horizons
  「horizons ＝視野」という意味。

- 心を広げる
  broaden the mind
  他人の価値観を受け入れる余裕を持つこと。

323

■ **invest** / ɪnvést / 他自
投資する

　注意点として、お金（**money**）、時間（**time**）、労力（**energy**）を投資するのであって「〜に投資する」という意味は持たないということを覚えておこう。「〜に投資する」「AをBに投資する」といいたいときは**invest in〜, invest A in B** とそれぞれ書く。

よくあるミス

- このプロジェクトに投資する
  - × invest this project
  - ○ **invest in** this project

- 株に投資する
  - × invest on stocks
  - ○ **invest in** stocks

頻出

- お金を株に投資する
  invest money **in** stocks

- 時間を〜に費やす
  invest time **in** 〜

324

■ **regret** / rɪgrét / 他
後悔する　残念に思う

　regret Ving と regret to V〜の違いに気をつけよう。
　「すでに起こってしまったことを後悔する」といいたいときは**regret Ving**にする。「現在または未来のことに対して残念に思う」と言いたいときは**regret to V〜**にする。この表現は be sorry to V〜「〜することを残念に思う」よりも丁寧で、ビジネスメールなどオフィシャルな文章でもよく使われる。ライティングでも regret to V〜を用いた方が良いだろう。

頻出

- 〜したことを深く後悔する
  deeply **regret** Ving 〜

- 将来そのことを後悔するだろう
  may **regret** it in the future

- Sが〜するのを(人)に報告することを残念に思う
  regret to inform sb that SV 〜
  相手に失礼のないように丁重に断ること。

- Sが〜することを残念に思う
  regret that SV 〜

■ supply / səplάɪ / 他
供給する

　必要なものや足りないものを供給すること。「(人)に(もの)を供給する」と書き方は2通りあるので覚えておこう。

　1つが〈supply + 人 + with + もの〉で、もう1つが〈supply + もの + to + 人〉だ。ともに「(人)に(物)を供給する」という意味になる。

　人とものの配置を混同しないように気をつけよう。

頻出

- ホームレスの人々に食べ物を供給する
  supply food **to** the homeless
  supply the homeless **with** food

＊ provide も〈**provide** + 人 + **with** + もの〉で「(人)に(物)を提供する」と近い意味になるが、supply がすでになくなってしまったもの、足りなくなったものを補充するニュアンスであるのに対してprovide は、「足りなくなる前にあらかじめ準備する」というニュアンスだ。

■ consume / kənsúːm / 他
消費する

　「資源や労力を使ったり(**use**)、何かを食べたり(**eat**)、飲んだり(**drink**)すること」を表す。したがって、総じて「〜を消費する」というイメージを持つと良い。useやeatを使うよりフォーマルな印象を与えるためライティングには適していると言える。逆に、日常的なシチュエーションではあまり使われない。

頻出

- 膨大な量のエネルギー/労力を使う
  consume a large amount of energy
- 資源を消費する
  consume resources
- 食物を消費する
  consume food

■ suffer / sʌ́fɚ / 他自
受ける　こうむる　(suffer from ~)が原因で苦しむ

suffer~ と suffer from~ を混同して使ってしまうことが多い。違いを確認して適切に使えるようにしよう。

他動詞の **suffer~** は日本語では「～を受ける・こうむる」と訳される。この用法では「人が肉体的な痛みや精神的な苦痛を経験する」というニュアンスが強調されがちだ。しかし、国などが損失(loss)をこうむったり、建物が損傷(damage)を受けたりするときなど無生物が主語になる場合にも使えることを覚えておこう。コロケーションとしては、いじめ(**abuse**)、差別(**discrimination**)、結果(**consequences**)、損失(**loss**)、損傷(**damage**)などが目的語に来ることが多い。

suffer from~ は「～が原因で苦しむ」という意味である。自動詞の suffer だけで「苦しむ」という意味があり、なんで苦しんでるのかという原因を明確にするために from が用いられる。したがって「～が原因で苦しむ」と訳すとしっくりくる。

from の後には病気や苦痛(**disease, stress, pain** など)がくることが多い。

頻出

- いじめを受ける
  suffer abuse
- 差別を受ける
  suffer discrimination
- 差別が原因で苦しむ
  suffer from discrimination
- ストレスが原因で苦しむ
  suffer from stress
- その国は経済損失をこうむった。
  The country **suffered** a financial loss.
- 末期症状の病気が原因で苦しむ
  suffer from a terminal disease
  a terminal disease で「末期症状の病」という意味。

■ search /sə́ːtʃ/ 自他
探す （ネットで）**調べる**

他動詞 の search~ と 自動詞 の search for~ との違いを明確にしよう。

search~…人が怪しいものを持っていないか「所持品を検査する」、何かを求めて場所を「捜索する」という意味を持つ。だから、目的語には人や場所などが来るのが普通。

search for~…単純に「〜を探し求める」という意味で、look for~ より堅い印象を与える。逃亡中の犯人や行方不明の人を捜すときや、問題の解決策（**solutions**）を模索するとき、何か重要な手がかり（**clues**）を見つけ出そうとするときなどによく使う。

また、ネットで何かを「検索する」と書きたいときも search を使う。主に2通りの表し方があるので覚えておこう（表現例参照）。

表現

- 荷物の中身を検査する
  search luggage

- 鍵を探しに家を捜索する
  search a room for a key

- 〜の解決策を探す
  search for a solution to/for~
  solution は p.218を参照。

- ネットで~についての情報を検索する
  search for information about~ on the internet

  search the internet **for** information about~

よくあるミス

- 彼を探す
  - × search him
  - ○ **search for** him

- 彼を身体検査する
  - × search for him
  - ○ **search** him

329

■ cross / krɔ́ːs / 他
渡る　越える

　「道路や川を横切って渡る」というときや、「山を越える」、「国境を越える」、「一線を越える」などというときに使う。

例

- 道路／川を渡る
  cross a road/river

- 国境を越えて～に入る
  cross the border into ~

- 一線を越える
  cross a line

＊「～の限界を超える」という場合は cross the limit of~ ではなく go beyond the limit of~ が正しい。

330

■ vary / véəri / 自
変わる　異なる

　使い方が重要で、多くの場合 **vary according to/with ~**（～に応じて変わる）、**vary depending on ~**（～次第で変わる）、**vary between ~**（～の間で変わる）のかたちで用いられる。
　堅い印象を与える語で、ライティングではよく使われる。

例

- Sは季節によって異なる。
  S **vary** according to/with the season.

- Sは時間によって異なる。
  S **vary** according to/with time.

- Sは人によって変わってくる。
  S **vary** depending on/between individuals.

■ differ / dífər / 圓
異なる

varyと被る部分もあるが、使い方の違いに着目してほしい。differ は differ from ~（~と異なる）、differ in ~/in that SV ~（~/Sが~という点で異なる）のかたちで書かれることが多い。be different from ~ よりも堅い印象を与えるためライティングではよく用いられる。

例

- 人はそれそれ違っている。
  People **differ from** one another.
- AとBは異なる。
  A and B **differ**.
- 男女は~という点で異なる。
  Males and females **differ in** ~ .

■ charge / tʃάədʒ / 他
（お金を）請求する

語の並び順が盲点なので、パターンを覚えてしっかり使えるようにしよう。
「人に金銭を請求する」というときは、〈charge + 人 + お金〉という語順になる。また、「~の代金として人にお金を請求する」と書きたい場合は〈charge + 人 + お金 + for ~〉と前置詞に for を使うことも覚えておく。

例

- 彼に1万円を請求する
  charge him 10,000 yen
- ガソリン代として多額の料金を請求する
  charge a lot of money for gas

「チャージする」

日本語では Suica や PASMO に入金するとき「チャージする」というが、英語圏では charge my card とはいわないので注意しよう。put money on my card や top up my card と表現する。

■ become /bɪkʌ́m/ 自
なる

be動詞と同じように、becomeの後には名詞、代名詞、形容詞（補語）が来る。使い方でミスをすることが多いのでしっかり覚えておこう。

よくあるミス

・〜できるようになる
$\left\{\begin{array}{l}× \text{ become to V~} \\ ○ \textbf{learn to V~}\end{array}\right.$
e.g.) 英語を話せるようになる
　　　learn to speak English
　　　泳げるようになる
　　　learn to swim

・〜するようになる
$\left\{\begin{array}{l}× \text{ become to V~} \\ ○ \textbf{come to V~}\end{array}\right.$
become to V〜という用法はそもそも存在せず、後ろには名詞、代名詞、形容詞が来る
e.g.) 〜を知るにいたる
　　　come to know~
　　　〜と考えるようになる
　　　come to realize~
　　　〜を理解するにいたる
　　　come to understand~

例

・リーダーになる
become a leader

・2か国語話者（バイリンガル）になる
become bilingual
この場合、bilingualは形容詞なのでa bilingualと無理に名詞にしないこと（bilingual p.149）

＊becomeとbeの違いを説明する。例えば「私は先生になりたい」と言いたいとき、英語圏ではI want to become a teacher.とはあまり言わず、I want to be a teacher.とするのが一般的である。becomeは先生になった瞬間の変化のみに着目するのに対し、beは先生でいる状態に着目する。「私は先生になりたい」というのは「変化した後もずっと先生という状態でありたい」という意味が含まれているはずなのでwant to beを使うのがしっくりくるのだ。

　過去形にすると意味の違いがより顕著になる。
　I was a teacher.は「私は先生だった」と訳され、今は先生ではない。
　I became a teacher.は「私は先生になった」と訳される。先生になったときの変化に着目しているので、今も先生かどうかまでは分からない。

■ litter / lítər / 他
散らかす

ある場所がゴミなど様々なもので散らかっている様子を表す。

ちなみに、英語圏では **Please do not litter** という標識が立てられていることがある。日本語に訳すなら「（道を）散らかすな、汚すな＝ポイ捨て禁止」となる。だから逆に、英語で「ポイ捨て」と書きたいときは **littering** となる。

例

• ～で散らかっている
  be **littered** with ～

• 公園が缶やペットボトルで散らかっている
  The park is **littered** with cans and bottles.

• AをBで汚す
  litter A **with** B

• 人々が公園を缶やペットボトルで散らかす。
  People **litter** the park with cans and bottles.

• ポイ捨ては禁止されている。
  Littering is not allowed.

＊ゴミそのものも不可算名詞の litter で表すことができる。
  e.g.) 床にゴミがある。
    There is litter on the floor.

■ launch / lɔ́:ntʃ / 自他
始める　売り出す　打ち上げる

主に3つの意味があるのでコロケーションと一緒に覚えよう。

① 運動（**campaign**）、事業（**business**）、攻撃（**attack**）など事前に計画が必要な大きなことを始める
② 製品（**product**）を世に売り出す
③ ロケット（**rocket**）や人工衛星（**satellite**）、ミサイル（**missile**）などを空に向かって打ち上げる

例

• ～に反対する／を求める運動を始める
  launch a campaign against ～ / for ～
  e.g.) いじめ反対運動を始める
    launch a campaign against bullying
    女性の権利を求める運動を始める
    launch a campaign for women's rights

• 新しい事業を始める
  launch a new business

• 新製品を世に売り出す
  launch a new product

• 本を出版する
  launch a book

• 宇宙にロケットを打ち上げる
  launch a rocket into space
  「宇宙」を the space としないように（p.251）。

■ affect / əfékt / 他
influence / ínflu:əns / 他 ©
影響を与える

affect…「影響を与える」という意味だが、用いられるのは主語と目的語に直接的な関係があるときに限られる。**have an effect on~** も同じように使える。**be affected by/at~** で「~に感動する」の意味になることは必ず知っておくべき。

influence…動詞で使われると「間接的に影響を与える」という意味になる。しかし、affect に比べ動詞で使われる頻出度が低く、**have an influence on~** と名詞として用いることが多い。
また、「(流行などに)流される」は動詞で **be influenced by** と書く。

＊実はeffectにも動詞としての用法があるが、これをaffectと混同しないこと。他動詞のeffectはbring about(引き起こす)のフォーマルな言い方。

例

• 子供に悪い/良い影響を与える
negatively/positively **affect** children
have a negative/positive **effect on** children

• 健康に悪い/良い影響を与える
have a negative/positive **influence on** one's health

• どうSが~するかに影響を与える
influence how SV ~

どうあなたが行動するかに影響を与える
influence how you behave

• アメリカの文化に流される
be influenced by American culture
文脈によっては悪い意味で「アメリカかぶれ」のような印象を与えることもある。

• (~に)深く感動する
be deeply **affected** (by/at~)

■ complete / kəmplíːt / 他
finish / fínɪʃ / 他
終わらせる

completeとfinishは同じ意味で使われることもあるが、文脈によってニュアンスに少し違いが生じるので確認しておこう。

complete…「長い時間を費やしてきたものごとがやっと仕上がった」というニュアンスである。英英辞書でも to make something perfect とあるように、「完全に仕上げる」というイメージを掴もう。

finish…「ものごとの最後の過程を完了する」というニュアンスがある。広く「終わらせる」ということを示しており、complete を内包することができる。また、finish はより日常の出来事に対して使われやすいという特徴がある。

【頻出】

- コース（講座）を修了する
  complete the course

- 仕事（作業）を終わらせる
  complete a task

- 宿題を終わらせる
  finish one's homework

■ replace / rɪpléɪs / 他
exchange / ekstʃéɪndʒ / 他自
交換する　両替する

どちらも「交換する」と訳されるが、ニュアンスに違いがある。

replace…古いものや壊れたものを新しいものに取り替える」というニュアンスがある。会社などで人が入れ替わる場合にも使える。

exchange…「2人の間でものなどを交換するときや貨幣を両替する」ときに使う。

【よくあるミス】

- 円とポンドを交換する
  - × replace yen with pounds
  - ○ **exchange** yen **for** pounds

  exchange A for B で「AをBに交換する」となる。

- 私は社長としてあなたに取って代わる
  - × I will be exchanging you as the president
  - ○ I will be **replacing** you as the president.

【例】

- 古いものを新しいものに取り替える
  replace the old one **with** the new one

  replace A with B で「AをBに取り替える」となる。AとBの順序を間違えないように。

■ contain /kəntéɪn/ 他
include /ɪnklúːd/ 他
含む　入れる

どちらも進行形（be containing, be including）では使えないことに注意。

contain…「あるものを中身や内容の全体に含んでいる」というニュアンスがある。そして「～に含まれる」という場合は be included in~ とする。

include…「あるものを中身や内容の一部として含んでいる」というニュアンスがある。「～に含まれる」という場合は be included in/on~ となり、前置詞を使い分ける必要があるので注意しよう。

よくあるミス

• あなたは名簿に含まれている。
　{ × You are included in the list.
　{ ○ You are **included on** the list.
「名簿に名前が載っているなど、平面的に表されること」という場合には in ではなく on を使う。

• 税は値段に含まれている
　{ × Tax is included on the price.
　{ ○ Tax is **included in** the price.
値段の合計など、「集合の一部として含まれている」という場合は in を使う。

例

• その本／サイトは～についての情報を含んでいる。
The book/site **contains** information about ~ .
本やサイトの内容全体が「～についての情報」であるというニュアンスがある。

• その価格は税込だ。
The price **includes** tax.
「価格の一部として税を含んでいる」という意味。

＊前置詞の including（～を含めて、～を含む）はよく使われるので覚えておこう。
　e.g.) 日本語やドイツ語を含む言語
　　　　languages **including** Japanese and German

■ win / wín / 他自
defeat / dɪfíːt / 他
勝つ

どちらも「〜に勝つ」という意味を持つが、違いが明白なので確認しよう。

win…「競争（**competition, race**）、戦争（**war**）、選挙（**election**）などで勝つ」という意味である。争いそのものに重点がおかれるため、人に対しては使わない。win を使って「人に勝つ」というには **win against**（人）にする必要がある。

defeat…「敵に勝つ」という意味で、後ろに人が続く。だから、勝つというより「〜を負かす」と覚えた方が良い。同じ意味で beat〜という単語もあるが、こちらは主に日常会話で使われるのでライティングでは defeat を使った方が良い。

頻出

- 競争に勝つ
  win a race
- 戦争に勝った
  won a war
- 選挙に勝つ
  win an election
- 敵を負かす
  defeat an enemy/opponent
- 彼に勝つ
  win against him

■ adapt / ədǽpt / 自他
adjust / ədʒʌ́st / 自他
慣れる　順応する

adapt to~, adjust oneself to~ で「〜に慣れる」となる。

adapt…「努力をした結果、慣れる」というニュアンスがある。

adjust…「自分が持っている機能を微調節して慣れていく」というニュアンスである。

しかし、これらの違いはあくまで原則であり、違いに明確な線引きをすることは難しい。

adapt と近いニュアンスの言い回しに **get used to~** があるが、こちらは日常会話でよく使われる。adapt のほうがより堅い印象だ。もちろん **get used to~** もライティングで使えるのでしっかり覚えておこう。

頻出

- 新しい環境に慣れる
  adapt to a new environment/ new surroundings
  environment や surroundings など環境系が目的語に来る場合は adapt の方が頻度が高い（adjust も使われている）。
- 〜に住むことに慣れる
  adjust myself **to** living in 〜

342　セットで覚える

■ hurt /hə́ːrt/ 他自
injure /índʒər/ 他
damage /dǽmɪdʒ/ 他
傷つける

hurt…「物理的に人の体を傷つける」という以外にも、「人の心を傷つける」という意味でも使える汎用性の高い語である。他動詞と自動詞の両方の意味があるので「～を傷つける」「痛む」どちらも表せる。
＊活用形は、hurt-hurt-hurt

injure…物理的に「人の体を傷つける」という意味で使われる。hurtよりもフォーマルな語でライティングに適している。自動詞の意味を持たないので気をつけよう。

damage…「物を傷つける」という意味であり「～に損害を与える」と訳される。人は目的語にはとれないので注意すること。ただし、「人の健康や臓器などを害する」というときにはdamageが使われる。ややこしいがしっかり覚えておこう。

よくあるミス

- 首が痛む。
  - × My neck **injure**.
  - ○ My neck **hurts**.

  injureは自動詞の意味を持たないのでhurtにする。

- 心を傷つける。
  - × **injure** one's feelings
  - ○ **hurt** one's feelings

  injureに「心を傷つける」という意味はない。

- 足を負傷する
  - × One's leg was **damaged**
  - ○ One's leg was **injured**/**hurt**.

  damageは人の負傷には使えない。

頻出

- 健康を害する
  damage one's health
- 肝臓/肺を傷める
  damage one's liver/lungs
- 名誉を傷つける
  hurt one's dignity
- プライドを傷つける
  hurt one's pride

■ **bear** / béæ / 他自
　endure / ɪnd(j)úæ / 他
　survive / səváɪv / 他
　stand / stænd / 他　**耐える**

　bear と endure はその語源は違えど、ほとんど同じ使われ方をしている。どちらも多くの場合 cannot/could not bear, cannot/could not endure のように cannot/could not と共に用いられる。

　肯定文で使えないわけではないが、その場合は have to endure/bear ～（～に耐えなければならない）や force (sb) to endure/bear ～（～に耐えることを（人）に強いる）など義務命令の意を伴って使われることが多い。

　「耐え抜く」という意味では survive が適切な場合もある。survive には「苦しい状況を何とか切り抜ける」というニュアンスがある。

　stand も同じく「～に耐える」という意味だが、こちらはより日常的な会話で用いられるので、ライティングでは bear と endure を積極的に使うと良い。

頻出

- 痛みに耐えられない
  cannot **bear**/**endure** the pain

- 夏の暑さに耐えられない
  cannot **bear**/**endure** the heat in the summer

- 危機を耐え抜く
  survive the crisis

- 寒さを耐え抜く
  survive the cold

- 戦争を切り抜ける
  survive a war

■ **play** / pléɪ / 自
　hang out / hǽŋ àʊt / 自
　spend time / spénd tàɪm / 自
　遊ぶ

　いずれも「遊ぶ」という意味を表すが、それぞれニュアンスが違うので覚えておこう。

　play…小さい子供同士がおもちゃで遊んでいるようなニュアンスがある。「大人が子どもと遊んでやる」という場合にも play を用いるのがよい。

　hang out with～…若者や大人が友達と一緒に遊びに出かけるようなニュアンスだ。「学生が友人と遊びに行く」というシチュエーションでは hang out を使うのが適切。
＊活用形は、hang-hung-hung

　spend time with～…「～と時間を過ごす」という意味で、婉曲的に遊んでいることを表す。

頻出

- 親が子供たちと遊ぶ。
  Parents **play with** their children.

- 友達と遊ぶ
  hang out with one's friends

- 友達と時間を過ごす（遊ぶ）
  spend time with one's friends

■ resemble / rɪzémbl / 他
take after / téɪk ǽftɚ / 他
be similar to / símələ˞ / 他
似ている

resemble と take after は進行形にはならない。

resemble… 人やものの外見が「〜に似ている」という意味で広く使われる。「性格が似ているといいたい」ときは **resemble〜in character**（〜に性格が似ている）と書こう。

take after〜…遺伝的な要素によって外見や行動が親族に「似ている」というニュアンスがある。したがって take after の目的語には"親族かつ年上"しか置くことができないので注意しよう。

be similar to〜…人やものの外見や性格などが「〜に似ている」という意味で、resemble に近い。英英辞書で resemble を引いてみても be similar to someone or something と定義されている。resemble と比べてカジュアルなシチュエーションに適しているといえる。

よくあるミス

・親は子供に似る。
- × Parents take after their children.
- ○ Children **resemble** their parents.

take after の目的語には年上の親族しか来ない。

・彼女は母親に似ている。
- × She is resembling/taking after her mother.
- ○ She **resembles/takes** after her mother.

例

・AとBは性格が似ている。
A and B **are similar** in character.

・Aは性格がBに似ている。
A **resemble**(s) B **in character**.

■ fall / fɔːl / 自
drop / dráp / 自他
落ちる

fall…「落ちる」を表す最も一般的な語で、ものが落ちたり人が転げ落ちたりすることに対して使う。

drop…fall のように自動詞で「落ちる」という意味もあるが、その場合は fall を用いた方が無難なのであまり使わない。結果的に、drop は他動詞で「〜を落とす」として使われることの方が多い。ニュアンスは、「つい持ってるものを落としてしまう、わざと持っているものを落とす」。

よくあるミス

- 葉っぱがひらひらと落ちる。
  - × Leaves drop from the trees.
  - ○ Leaves **fall** from the trees.

  直線ではなくひらひらと曲線を描いて落ちるときは fall を使う。

- 階段から転げ落ちる。
  - × fall from the stairs
  - ○ **fall down** the stairs

  階段から落ちるという場合は down が適切。

例

- リンゴが木から落ちるのを見る
  see an apple **fall from** a tree

- 財布をつい落としてしまう
  drop one's wallet

- 爆弾を落とす
  drop a bomb

■ specialize in / spéʃəlàɪz / 自
major in / méɪdʒɚ / 自
専攻する

major in~ は大学レベルの専攻を指し、specialize in~ は大学院レベルの専攻を表すといわれることがあるが、実際はそこに明確な線引きはないようだ。

しかし覚えておくべきは、major in~ は主にアメリカでしか使われないということだ。試験のライティングにおいてはイギリスでも使われる specialize in~ を使うのが無難な選択といえるだろう。

例

- 政治学を専攻する
  specialize / **major in** political science

- 日本史を専攻する
  specialize / **major in** Japanese history

■ eliminate / əlímənèɪt / 他
delete / dɪlíːt / 他
除去する

　eliminate…「不必要なものを完全に除去する」という意味。eliminate A from B（A から B を除去する）というかたちを覚えておこう。「何かから何かを除く」という場合に広く使われる汎用性の高い語。必要性、要求（**need**）やリスク（**risk**）などをなくすという場合にもよく使われる。get rid of~ よりもフォーマルな印象を与える。

　delete…「書かれた文字を消したり（**erase**）、パソコンに保存したものを削除したりする」という意味。それ以外のシチュエーションでは基本使わず、eliminate に比べると使える範囲が狭い。

例

- クレジットカードは現金の必要性をなくす。
  The credit card **eliminates** the need for cash.

- ～というリスクをなくす。
  eliminate the risk of ~

- ～という問題をなくす。
  eliminate the problem of ~

- パソコンのファイルを消去する
  delete the computer file

- （ネット上の）アカウントを消去する
  delete an account

■ revise / rɪváɪz / 他
amend / əménd / 他
変える　修正する

　revise…意見（**opinion**）、計画（**plan**）、考え（**idea**）などを途中で変えること。

　amend…憲法や法律などを変えること。だから「改正する」といった方がしっくりくる。

　どちらも使用範囲が限られているため、軽率に change の代わりとして使わないこと。後に続く語のコロケーションが合っているか不安なときは、change を使おう。

例

- 意見を変える
  revise one's opinion

- 計画を修正する
  revise one's plan

- 憲法を改正する
  amend the Constitution

- 法律を改正する
  amend the law

■ fit / fɪt / 他
suit / súːt / 他
match / mǽtʃ / 他
似合う　合う

　fit…「衣類のサイズが人に一致する」という意味で、似合う。日本語で「フィットする」というときもこの意味ではないだろうか。進行形（be fitting）にはならないので注意する。

　suit…衣類に限らず、色や髪型や名前、場所などが人やものごとに「合っている」ときに使う。受動態には絶対にならない。

　match…「ものとものが調和している」という意味で「合っている」状態。したがって、目的語に人をとれないので注意しよう。

よくあるミス

- その帽子は彼女には合っていない。
  - { × The hat does not match her.
  - { ○ The hat does not **suit** her.

  matchはものとものの調和を表すので、人を目的語に取らない。

- そのドレスのサイズは彼女に合っていない。
  - { × The dress is not fitting her.
  - { ○ The dress does not **fit** her.

  fitは進行形にはならない。

- 彼のズボンはTシャツとよく合っている。
  - { × His pants match with his shirt.
  - { ○ His pants **match** his shirt.

例

- そのTシャツはサイズは合っているが、私に似合わない。

  The shirt **fits**, but it does not **suit** me.

第2部
名詞

opportunity
issue
privacy
distance
truth
function
citizen
government
solution
action
atomosphere
agriculture
transportation
concept
pollution
porverty
progress
competition
connection
desire
medicine
phenomenon
tax
technique
electricity
device
trouble
crisis

diversity
dream
crime
statement
circumstance
selling point
construction
constitution
existence
emission
vision
strategy
balance
gap
teenager
friendship
confidence
origin
profit
theme
secret
victim
disaster
statistics
cooperation
innovation
aid
vocabulary

handwriting
motivation
industry
staff
peace
middle
social networking
tool-instrument-equipment
purpose-goal
woman-female
status-position
diet-meal
step-stage
feature-characteristic
result-consequence
habit-custom
clothes-clothing
debate-discussion
character-personality
space-universe
lesson-class
landscape-scenery
immigration-migration
mistake-error
base-basis
east-west-south-north
standard-criterion
audience-spectator

■ opportunity / ə̀pət(j)úːnəti / Ⓒ Ⓤ
機会　チャンス

基本的に可算名詞として使う。類義語である chance との違いは「必然性」が伴うかどうか。opportunity は「努力などで引き寄せた機会」を表すので chance よりも「必然性」が高い。逆に、chance は「偶然おとずれた機会」を指すときに使う。

頻出

- ～する機会を得る
  have the **opportunity** to V～

- ～する機会がほとんどない
  have little **opportunity** to V～

- 素晴らしい機会
  a great **opportunity**

- チャンスを作る
  create an **opportunity**

- チャンスを与える
  offer an **opportunity**

- チャンスを逃す
  miss an **opportunity**

＊不可算名詞の opportunity は以下のような場合に使う。
　e.g.）機会の平等
　　　　equality of opportunity
　　　　絶好の機会
　　　　a window of opportunity

■ issue / íʃuː / Ⓤ Ⓒ
論点　問題　発行

「論点」、「問題」という意味で用いる場合は可算名詞となる。一方、「(新聞などの)発行」という意味の場合は不可算名詞となる。ただし、この意味で使うことは稀だ。

頻出

- ～という問題について議論する
  discuss an **issue** of～

- 複雑な問題
  a complex **issue**

- 物議を醸している問題
  a controversial **issue**

- 地球全体で考えるべき問題
  a global **issue**

- 新聞の発行
  the **issue** of a newspaper

353

■ privacy / práɪvəsi / Ⓤ
プライバシー　私生活

日本語の「プライバシー」と差異はない。気をつけるべき点は、不可算名詞であること。相性の良い動詞や形容詞を覚えよう。

頻出

• プライバシーを保護する
protect one's **privacy**

• プライバシーを侵害する
invade one's **privacy**

• ～のプライバシー
privacy of ～
e.g.) インターネット利用者のプライバシーを守る
protect the privacy of internet users

354

■ distance / dístəns / Ⓒ Ⓤ
距離　遠方

可算名詞、不可算名詞のどちらも使われるが、使い分けの明確な線引きはかなり難しい。したがって、よく使う表現を冠詞も含めて押さえておこう。

よくあるミス

• 遠くに行く
　{ × go the distance
　 ○ go **a long way**
go the distance は「最後までやり抜く」という慣用句なので誤用しないように。また、go a long way toward Ving~で「～するのに大いに役立つ」というイディオムになる。

頻出

• 遠い距離
a long/great **distance**
短い距離

• 少し距離を置いて
at a **distance**
e.g.) ～を遠ざける
keep ～ at a distance

• 遠方に
in the **distance**

■ truth / trúːθ / Ⓤ
真実

theをつけ忘れないように気をつけよう。日本でよく「真実はいつも1つ！」と言われる。同様に、英語圏でも真実はただ1つのものであると考えられているようだ。だから「truthは数える必要がなく、常にtheを伴う不可算名詞になるのだ」ということを念頭に置いておこう。ちなみに、対義語であるlie（嘘）は可算名詞だ。

よくあるミス

・真実を伝える
　 × say truth
　 ○ **tell**/**speak** the truth

・嘘をつく
　 × tell lie
　 ○ tell **a lie**

頻出

・〜に関する真実を明らかにする
　reveal **the truth** about 〜

・実のところ
　in truth
　慣用的にtheのつかない例外。

■ function / fʌ́ŋkʃən / Ⓒ
機能　役割

ひとくちに「機能」とはいえど、体（臓器）の持つ機能や役割を表すことが圧倒的に多いことを覚えておこう。もちろん、機械などの機能にも使える。

単純に色々なものの機能を示すとき、1つのものが色々な機能を持つときの両方で複数形を用いる。1つのものが持つひとつの機能を指すときは単数形だ。イメージが湧きにくいと思うので例を参照していただきたい。

頻出

・脳の役割（機能）
　brain **function**

・〜の働き
　the **function** of 〜

・その携帯電話には様々な機能がある。
　The cell/mobile phone has a variety of **functions**.
　携帯には電話・カメラ・ネットなど様々な機能があるので複数形を使うのが適切。

357

■ citizen / sítəzn / ⓒ
（ある特定の町や国に住む）人　市民　国民

多くの人が citizen というと「市民」と答えがちだ。しかしそれでは citizen という単語が持つ本来のニュアンスが湧いてこない。citizen とは「特定の町や国に住む人のこと」を表す。だから、「市民」や「国民」といった訳になるわけだ。

頻出

- 日本国民
  Japanese **citizens**

- 一般市民
  average **citizens**

- 地球市民になる
  become a global **citizen**
  a global citizen は「国境」という概念がなくなり、皆が地球という1つの村に住んでいるというイメージで、日本語にするならば「地球市民」と訳すことになる。自国だけでなく「地球全体を意識して行動できる人」を意味する。

358

■ (the) government
/ gávənmənt / ⓒ Ⓤ
政府

government は単数名詞か集合名詞のどちらとして扱うのが適切なのか。答えとしては、単数として扱うのが無難だろう。アメリカではほとんどの場合で単数として用いられ、イギリスではどちらでもいいという扱いだ。それならば両者どちらにも当てはまる単数として扱うのが最適な選択。
　基本的に the government とする。

頻出

- 政府は税金を上げようとしている。
  The government is planning to increase taxes.
  are でも間違いではないが、主にイギリスでしか使われない。

- 日本政府
  the Japanese **government**

■ solution / səlúːʃən / ©
解決策

solutionの次に置かれる前置詞は決まっている。一番多く使われるのはtoで、二番目に多いのはforだ。

頻出

- ～に対する有効な解決策
  an effective **solution to/for** ~

- 革新的な解決策
  an innovative **solution**

- 解決策を模索する
  search for/seek **a solution**

- 解決策を提案する
  deliver/offer **a solution**

■ action / ǽkʃən / Ⓤ
行動　行為　アクション

actが「1回きりの行動、行為」を指すのに対し、actionは「一定の期間継続する行動、行為」を表す。

不可算名詞ということを忘れずに。また、相性の良い動詞や前置詞も限られている。例を挙げるので覚えておこう。

よくあるミス

- ～に対して行動を起こす
  { × take an action against/on ~
  { ○ take **action** against/on ~
  不可算名詞なのでanはいらない。

頻出

- ～するための処置をとる
  take **action** to V ~

- 適切な行動
  appropriate **action**
  e.g.) 適切な行動がとられなければならない。
  　　　Appropriate action must be taken.

- ～に対して法的な措置をとる
  take legal **action** against ~
  actとbehaviourに関してはp.128を参照。

361
■ atmosphere / ǽtməsfìəˑ / ⓒ
大気　空気　雰囲気

意味は「大気」、「空気」、「雰囲気」だが、伝えたい意味によって用法が異なる。どう使い分けるかが盲点。まず、地球や火星などの「大気」として使う場合はtheが必要になる。そして、「じめじめした空気」などの「空気」を表すときは単数扱いになる。同様に、「緊迫した雰囲気」などの「雰囲気」を表す場合も単数扱いになる。

頻出

- 地球の大気
  the Earth's **atmosphere**

- じめじめした空気
  a humid **atmosphere**
  単数扱いなのでa/an をつける。

- 緊迫した雰囲気
  a tense **atmosphere**
  単数扱いなのでa/an をつける。

＊大気は1つの惑星に1つしかないので、複数形になることはほとんどないが以下のような場合は例外。
e.g.) 地球と火星の大気
　　　the atmospheres of Earth and Mars
　　　2つの惑星それぞれの大気なので複数形となる。

362
■ agriculture / ǽgrɪkʌ̀ltʃəˑ / ⓤ
農業

「農業」を指し、日本語との意味の違いはない。しかし、不可算名詞ということを忘れずに。

頻出

- 持続可能な農業
  sustainable **agriculture**
  近年よく見聞きするフレーズ。残飯などの廃棄物を肥料として再利用するのもその1つ。

- 農業をしている
  be engaged in **agriculture**

■ transportation
/ trænspətéɪʃən / Ⓤ
交通機関

不可算名詞ということを忘れがちなので間違えないように。相性の良い語句を覚えて正しく使えるようにしよう。ちなみに、イギリス英語ではtransportとする。

頻出

- 公共交通機関を使う
  use public **transportation**

- 交通手段
  a means of **transportation**

*交通手段を way of transportation とするのは、コロケーションを考えると避けた方が良い。

■ concept / kάnsept / Ⓒ
概念　コンセプト

日本語でよくいう「この商品のコンセプトは…」のコンセプトと一致する。しかし、この語が指すもの自体が抽象的で分かりにくいので、書くときは具体的にどんなコンセプトなのかを明示すると良い。

例

- Sが~という/~というコンセプトに基づいて
  based on **a concept that** SV / **of** ~
  conceptには内容を具体化する同格のthatを続けることができる。

- 自由という概念を定義する
  define the **concept** of freedom

- 神は想像上のキャラクターであるという考え方
  the **concept** that God is a fictional character

365

■ pollution / pəlú:ʃən / Ⓤ
汚染

不可算名詞なのでくれぐれも pollutions とはしないように。

近年は環境に関するテーマが頻出。テーマ英作文で表現できる幅を増やしておくことは必須だろう。

頻出

- 車から出る排気ガスを減らす
reduce/cut **pollution** from cars

- 大気汚染を防ぐ
prevent air/atmospheric **pollution**
atmospheric はよりフォーマルな印象を与える。

- 海洋汚染
marine/ocean **pollution**
どちらも sea pollution よりフォーマルな印象を与える。

- PM2.5による大気汚染
PM2.5 air **pollution**

366

■ poverty / pávəti / Ⓤ
貧困

不可算名詞で冠詞もつかない。ライティングで使う機会が多い単語なので、コロケーションも含めしっかりと覚えよう。

よくあるミス

- 貧しい人々
  - △ poverty people
  - ○ **poor** people

poverty people は滅多に使わない。poor を使おう。

頻出

- 貧しい生活をする
live in **poverty**

- 世界的な貧困
global **poverty**

- 貧困にあえぐ人々を減らす
reduce **poverty**

- 貧困の連鎖
a cycle of **poverty**

■ progress / prágrəs / Ⓤ
発展　進歩

覚えるべきことは、不可算名詞だということと、前置詞に in / forward をとるということ。

よくあるミス

- 進歩する
  { × make a progress
  { ○ make **progress**
  a progress と書く人が多いが、不可算名詞だ。

頻出

- ～の発展
  progress in ～
- ～へ向けた進展
  progress forward ～
- 技術的進歩を果たす
  make technological **progress**

■ competition / kàmpətíʃən / Ⓤ
競争

まずは不可算名詞ということに注意。そして、陸上などの競走(race)のみならず「市場における競争」なども表すことができる。ライティングで使うときは前置詞に気をつけよう。

頻出

- ～と競い合う
  be in competition with ～
  e.g.) 人間はAIと競い合っている。
  　　　Humans are in competition with AI.

- 競争を促進する
  promote **competition**
- AとBの競争
  competition between A and B
  e.g.) 人間とコンピュータの競争
  　　　competition between humans and computers
- 激しい競争
  fierce **competition**
  fierce(激しい)のスペルに気をつけよう。
- 競争を避ける
  avoid **competiton**

369

■ connection / kənékʃən / ⓒⓊ
繋がり　関係

日本語でもよく「コネ」といわれるように、「繋がり」を表す。日本語のコネは「人間同士の繋がり」を表すが、connection は「ありとあらゆるものの繋がり」を意味する。

【頻出】

- 社会的な繋がり
  social **connections**
  social link とはいわないので注意。

- インターネットを利用できる
  have access to the internet **connection**

- ～との繋がりを持つ
  have **connections** with ～

- ～と親密な関係を築く
  make / establish a close **connection** with ～

370

■ desire / dɪzáɪɚ / ⓒⓊ
欲望　欲求

使う前置詞が決まっていることに注意しよう。誰の欲望なのかを明確にするため、しばしば前に所有格が用いられる。

【頻出】

- ～したいという / ～への欲求
  one's **desire** to V / for ～

- ～したいという望みを抱く
  have a **desire** to V ～

- 欲望を示す
  indicate a **desire**

- 欲望を満たす
  satisfy a **desire**

■ medicine / médəsn / Ⓤ Ⓒ
薬

medicine は 錠剤 (tablet) や 粉薬 (powder) などをまとめた薬全般を示す。原則は不可算名詞と覚えておくこと。また、類義語に drug という単語があるが、これは日本語と同じように違法な薬を表す場合が多いことに注意。「一般的な薬」をいいたいときは medicine を使うのが無難。

よくあるミス

・薬を飲む
- × drink medicine
- ○ **take** medicine

頻出

・薬が効く。
The medicine **works / kicks in**.
「効く」は work または kick in にする。

＊「薬局」は a medicine store ではなく a drug store (英) または a pharmacy (米) という。

■ phenomenon / fənámənàn / Ⓒ
現象

複数形になると phenomena [fənámənə] になる。
社会現象と自然現象のどちらも表せる。

頻出

・社会現象
a social **phenomenon**
e.g.) ホームレスは複雑な社会現象である。
Homelessness is a complex social phenomenon.

・世界で起きている現象
a global **phenomenon**
e.g.) 温室効果ガスによる温暖化は世界的な現象だ。
Greenhouse effect is a global phenomenon.

＊形容詞の phenomenal は「驚異的な」という意味で使われることが多い。ただし口語的であり、ライティングではあまり使われない。

373

■ tax / tǽks / Ⓤ Ⓒ
税金

　単純に「税金」を指す場合は不可算名詞だが、「○○税といった個別の税」を表す場合は可算名詞になる。

頻出

- 税を払う
  pay **tax**

- 消費税を上げる
  increase **sales tax** rates

- 所得税を下げる
  reduce **income tax** rates

- ～に税をかける
  impose **taxes on** ～
  e.g.) 輸出 / 輸入に税を課す
  　　impose taxes on exports/ imports

374

■ technique / tekníːk / Ⓒ Ⓤ
テクニック　特別な方法

　可算名詞で使われる場合がほとんど。日本語でも「テクニック」と訳されているが、「何かを成し遂げるための特別な方法」というのが英語でのニュアンスだ。この意を含めると method (p.64) に近い印象がある。

頻出

- ～をするための方法
  some **techniques** for ～
  前置詞は for を使うのが最も自然。

- 有効な方法を用いる
  employ an effective **technique**
  method 同様、employ を使うのが良い。

■ electricity / ɪlèktrísəti / Ⓤ
電気

いかなる場合も不可算名詞。注意点は、〈electricity＋名詞〉というかたちでよく使われるということ。

頻出

- 電力供給
  electricity supply

- 発電
  electricity generation

- 発電する
  generate **electricity**

■ device / dɪváɪs / Ⓒ
装置　機器

テクノロジーに関連した話題において頻出の単語。相性の良い語句を頻出を参考に覚えよう。また、「爆弾」という意味でも使われる。

頻出

- 実用的な機器
  practical **devices**

- 携帯端末
  mobile/hand-held **devices**
  smartphone, tablet, laptop はその一種。

- 医療機器
  medical **devices**

- 携帯端末を使う
  use/employ mobile **devices**

- ～するための装置
  device for Ving/to V ～

- 核爆弾を作る
  construct a nuclear **device**/**bomb**

377

■ trouble / trʌ́bl **/** Ⓤ
心配事　悩み　苦労

　「心配事」と訳されることがある通り、「感情的な問題」といったニュアンスが強い。そのため、人が主語になることが多い。また、不可算名詞なのでaをつけないように。

頻出

- ～するのに苦労する
  have **trouble** Ving ～

- ～するのに労を惜しまない
  take the **trouble** to V～

- ～に問題がある
  have **trouble** with ～
  この場合前置詞はwithを使う。
  e.g.）両脚に問題がある
  　　　have trouble with one's legs

378

■ crisis / kráɪsɪs **/** Ⓒ
危機

　ニュアンスとしては、「早く対応しなければ今後ますます状況が悪化するであろう状態」といった感じ。規模が大きく深刻な状態を表すときに使う。
　複数形ではcrisesとかたちが変わることに注意。

頻出

- 経済危機を引き起こす
  cause/create an economic **crisis**

- AやBといったような財政危機
  the financial **crises** such as A and B

- 危機的状態で
  in crisis
  e.g.）（人 / もの）は危機的状態にある。
  　　　Sb / Sth is (are) in crisis.

- 危機が起こるのを回避する
  prevent a **crisis** from happening

■ diversity / dəvə́ːrsəti / Ⓤ Ⓒ
多様性

頻出の単語。基本的に不可算名詞だが、決まったかたちでのみ可算名詞になるということを覚えておきたい。以下の表現例を覚えて使えるようにしよう。

頻出

・文化の多様性
  cultural **diversity**

・様々な〜
  a **diversity** of 〜
  この意味、かたちで使われるときは可算名詞にする。
  e.g.) 様々な言語
        a diversity of languages

・生命の多様性を維持する
  maintain the **diversity** of life

■ dream / dríːm / Ⓒ
夢

日本語の「夢」と同じく、「寝ているときに見る夢」と「将来の夢」の両方の意味を表せる。もちろん、夢はいくつもあって然るべきものなので可算名詞となる。相性の良い前置詞を覚えればミスすることなく使える。

よくあるミス

・夢を見る
  { × see a dream
  { ○ **have** a dream
  寝るときに見る夢。

頻出

・〜という夢
  a **dream** of 〜
  前置詞はofを使う。

・夢を叶える
  realize one's **dream**
  e.g.) 彼は医者になるという夢を叶えた。
        He realized his dream of becoming a doctor.

381
■ **crime** / kráɪm / ⓒⓊ
(法律上の)犯罪

　注意すべき点は可算名詞と不可算名詞の使い分け。1つひとつの犯罪事例を分けて指す場合は可算名詞にするのが適切。漠然と「犯罪全般」のことを示す場合は不可算名詞となる。不可算名詞のcrimeを使うときはtheをつけてはいけないので気をつける。

よくあるミス

• 犯罪が増加する。
> × The crime has increased.
> ○ **Crime** has increased.

1つの犯罪というよりは「犯罪全般が増加する」という意味合いなので無冠詞にする。

頻出

• 通報する
report **a crime**
犯罪全般を通報することはないので可算名詞。

• 犯罪を犯す
commit **a crime**

382
■ **statement** / stéɪtmənt / ⓒⓊ
声明

　おおやけに自分の考えをうったえること。ただ単に何かを言うこととは深刻さが違うことに注意する。

頻出

• ~について声明を出す
make a **statement** on/about~

■ circumstance
/ sə́ːkəmstæns / ⓒ
状況　事情

「状況」の意味で使うときは複数形にすること。決まった言い回しが多いのでその際も複数形にすることを忘れずに。

頻出

- ある状況下では
  under certain **circumstances**
  複数形にすることを忘れずに。

- 周囲の状況に応じて
  according to **circumstances**

- ～を取り囲む状況
  the **circumstances** surrounding ～

- 状況を説明する
  describe the **circumstances**

- 現場の状況に適応する
  suit the actual **circumstances**

■ selling point
/ sélɪŋ pɔ̀ɪnt / ⓒ
セールスポイント

「セールスポイント」は和製英語なので気をつけよう。selling point は日本語の「セールスポイント」と同じように、もののみならず人にも使える語句である。

例

- その大学の多様性はセールスポイントの1つだ。
  The university's diversity is one of the **selling points**.

- 彼のセールスポイントは情熱だ。
  His **selling point** is his passion.

385

■ construction
/ kənstrʌ́kʃən **/** Ⓤ
建設

「建設過程」を漠然と示す場合は不可算名詞となることを覚えておこう。a construction は「建設物 (a building)」という意味になってしまうので気をつけよう。

頻出

- ～の建設
  the **construction** of ～
  e.g.) ビルの建設
  　　　the construction of buildings
  cf.) 　ビルを建設する
  　　　construct buildings

- 建設中
  under **construction**
  e.g.) その橋は建設中だ。
  　　　The bridge is under construction.

386

■ constitution
/ kὰnstət(j)úːʃən **/** Ⓒ
憲法

「ある特定の国の憲法」を指すときには the をつけること。Constitution と大文字から書くこともあるが、どちらで書いても間違いではない。

頻出

- 日本の憲法
  the Japanese Constitution

- 憲法を改正する
  amend/change **the constitution**
  revise と amend は p.00 を参照。

- 憲法改正
  an amendment to **the constitution**
  of ではなく to を用いるのは盲点。

■ existence / ɪgzístəns / Ⓤ
存在

　不可算名詞であるということを覚えてお
けば難なく使える。また、existance とスペ
ルミスをしないようにする。よく出る表現
パターンをしっかり覚えよう。

頻出

- 〜の存在
  existence of 〜

- 神の存在を否定する
  deny the **existence** of God

- 消える、存在しなくなる
  go out of **existence**

■ emission / ɪmíʃən / Ⓒ
排出物（質）

　可算名詞で、通例 emissions と複数形
にして使う。単数形で使う場合、emission
regulations（排気ガス規制）や emission
standards（排出基準）など形容詞的に扱わ
れることが多い。

頻出

- 温室効果ガスの排出
  greenhouse gas **emissions**

- 自動車の排ガス
  vehicle **emissions**

- 排出物を減らす
  reduce **emissions**

例

- 排出基準を設ける
  set **emission** standards

- 排出ガス規制を強める
  tighten **emission** regulations

389

■ vision / víʒən / ⓒ
ビジョン　将来像

　日本語でいう「ビジョンを描く」の「ビジョン」と同じ意味で使われる場合は可算名詞となる。その際のコロケーションをしっかり覚えよう。

頻出

- 近い将来のビジョンを描く
  outline a **vision** of the near future
  「描く」はこの場合outlineが良い。前置詞にはofを使う。

- ～へ向けたビジョン
  a **vision** for ～

- 長期的なビジョン
  a long-term **vision**

390

■ strategy / strǽtədʒi / ⓒⓊ
戦略

　可算名詞と不可算名詞の両方があることに気をつけよう。可算名詞は、「何かを達成するために練られた実際の戦略」を指す場合に使う。不可算名詞は、漠然と「戦略一般」を示す場合に使う。

頻出

- 経済戦略
  an economic **strategy**

- ～するための戦略
  a **strategy** for Ving/to V ～

- 戦略を用いる
  use/employ a **strategy**
  employの方がフォーマル。

■ balance / bǽləns / Ⓒ Ⓤ
バランス　均衡

　日本語でも使う「バランス」。気をつける
べき点は、単数形か不可算名詞で使われる
という点。複数形では使われない。後ろに
続く前置詞もほとんど決まっているので
しっかり覚えて使えるようにしよう。

頻出

・うまくBとAのバランスをとる
strike/achieve a **balance** between
A and B
　動詞は strike か achieve を使う。単数形で使う
ので a balance となる。前置詞は2つのバランス
なら between、3つ以上なら among を使う。

・バランスを崩す
upset the **balance**

■ gap / gǽp / Ⓒ
ギャップ　隔たり　隙間

　日本語でいう「ギャップがある」は「人が
時折見せる、いつもと違う性格」を指して
使われるが、gap は性格以外にも使われ、
広く二つのものや人の「差」を表す。

頻出

・AとBの差を広げる
widen/increase the **gap** between
A and B

・差を縮める
close the **gap**

・世代間格差、ジェネレーションギャップ
the generation **gap**
　過ごした時代の差からくる、振る舞いや思想の違
いのこと。

393

■ **teenager** / tíːnèɪdʒɚ / ©
ティーンエイジャー　13歳から19歳の少年少女

「ティーンエイジャー」という言葉は日本にも浸透しているが、漠然と「若者」と覚えている人が多い。しかし、teenagerは英語で-teenがつく「13歳から19歳までの少年少女」を限定して指す。

例

• 私は若いころ恥ずかしがり屋だった。
  When I was a **teenager**, I was shy.
  説明通り、若いといっても年齢が決まっている。漠然と「若いころ」といいたいならyoungで良い。

394

■ **friendship** / frén(d)ʃɪp / ©
友情

「友情」を表すfriendshipは可算名詞。「友情を数えるとはどういうことか」と疑問に思うかもしれないが想像してみてほしい。友達(a friend)は何人もいればfriendsというのが普通だ。そのあなたの友達1人ひとりに違った友情が芽生えていれば、それは「友情を数えられる」ということになる。「友達の数だけ友情の数がある」と考えればスッキリするだろう。

頻出

• 友達になる
  start a **friendship**

• 生涯続く友情
  a life-long **friendship**

• ～との友情
  a **friendship** with～

■ confidence /kάnfɪdəns/ ⓤ
自信　信頼

　不可算名詞なのでくれぐれも
confidencesとしないように。「自信」また
は「信頼」と訳されるが、両者はまったく
もって別物ではない。何かに自信を持つと
いうことは、それを自分自身が信頼すると
いうことである。自信と信頼は表裏一体な
のだ。

頻出

- ~に自信を持つ、~を信頼する
  have **confidence** in~
  前置詞にはinを使う。

- ~に対する自信（信頼）を失う
  lose **confidence** in~

■ origin /ɔ́(:)rədʒɪn/ ⓒⓤ
起源　始まり

　不可算名詞として扱うのは主に熟語で用
いるときなので、頻出例を覚えよう。それ
以外で使われるときには可算名詞。

例

- 最近始まった
  of recent **origin**
  e.g.) この仮説は最近生まれた。
  　　　This theory is of recent origin.

頻出

- ~の始まり（起源）
  the **origin** of~
  前置詞はofを使う。

- ~に端を発する
  have its **origin** in~

397

■ profit / práfɪt / ⓒ ⓤ
金銭的な利益　得

「金銭的な利益」といいたい場合は普通可算名詞を使う。金銭に関わらず、何かをすることで「得」をするという場合は不可算名詞を使う。

頻出

- その会社は大きく収益をあげた。
  The company made huge **profits**.

- ～しても得しない。
  There is no **profit** in～.
  漠然とした「得」を表すときは不可算名詞。

398

■ theme / θíːm / ⓒ
テーマ　主題

日本語の「テーマ」と同じ意味で、使い方もかなり近い。可算名詞なので冠詞のつけ忘れには注意する。

頻出

- ～のテーマ
  the **theme** of～
  e.g.) 本のテーマについて議論する
  　　discuss the theme of the book

- メインテーマ
  the main **theme**

- テーマパーク
  a **theme** park

■ secret / síːkrət / ⓒ
秘訣　秘密

　日本語でも「シークレット」といえば「秘密」のことであり、そこに関してはニュアンスの違いもない。しかし、英語では「秘訣」という意味でもよく使われるので覚えておく。「〜の秘訣」といいたいときは the secret of~ を使う。

例

- 成功の秘訣
  the **secret** of one's success

- 幸せの秘訣
  the **secret** of happiness

- 〜を秘密にする
  keep ~ a secret
  keep ~ secret でも同じ意味で、この場合の secret は形容詞。

- 秘密に
  in secret
  in a secret にしないように。

■ victim / víktɪm / ⓒ
被災者　被害者

　よく「被害者」と訳されるため、「犯罪に巻き込まれた人々」を想像することが多い。しかし、災害などの「被災者」というときも victim を用いることができる。

例

- 震災の被災者たち
  earthquake **victims**

- 事故の被害者たち
  accident **victims**

- 〜の被害者
  victim of ~
  e.g.）犯罪の被害者
  　　　the victim of a crime

- 〜の被害者になる
  fall victim to ~

第2部　名詞

401
■ disaster / dɪzǽstɚ / ⓒⓊ
災害

　天災か人災かに関わらず、単なる事故（accident）とは比にならないくらいの悲惨な状態で、甚大な損失が伴うイメージだ。
　漠然と「災害」といいたいなら不可算名詞となる。特定の「とある災害」を言い表したいときは可算名詞で書く。

頻出

- 災害が起こる。
  Disaster strikes.

- 自然災害
  a natural **disaster**

- 核や原発による災害
  a nuclear **disaster**

- 被災地
  a **disaster** area

402
■ statistics / stətístɪks / Ⓤ
統計

　情報を寄せ集めたものなので常に複数扱いということに注意。IELTSでは統計データをまとめる問題が出るので、受験する際は使い方までしっかり覚えておこう。

よくあるミス

- 統計によれば～だ。
  × Statistics shows/indicates that ~.
  ○ **Statistics show/indicate** that ~.

■ cooperation
/koʊɑ̀pəréɪʃən/ Ⓤ
協力

同じ目標を達成するために協力をすること。不可算名詞なので a cooperation としないように気をつける。

頻出

- 国際協力
  international **cooperation**

- 協調性の欠如
  a lack of **cooperation**

- ～との協力
  cooperation with ～

- 協力を必要とする
  require **cooperation**

- AとBの協力を促進する
  facilitate **cooperation** between A and B

■ innovation / ìnəvéɪʃən / Ⓤ Ⓒ
革新　革新的なアイデアや発明

漠然とした概念としての「革新」を表す場合は不可算名詞となる。「革新的なアイデアやもの」を表す場合は可算名詞になる。

例

- メールやインターネットのような革新的な発明
  innovations such as e-mail and the internet

- ～に革新を促す
  encourage **innovation** in ～
  前置詞には in を使う。

- イノベーションを阻害する
  stifle **innovation**
  stifle がコロケーションを考えると適切。
  e.g.) 規制はイノベーションを阻害する。
  　　　Regulation may stifle innovation.

405

■ aid / éɪd / Ⓤ
援助

　aidのニュアンスは、「ある組織や政府から支援を必要としている国や人々へ補助金や物資などの支援を施す」といった感じ。

　不可算名詞であることは盲点。an aid, aidsとは書かない。

頻出

- 経済的支援
  financial/economic **aid**

- 食糧支援
  food **aid**

- 支援を送る
  send **aid**

- 支援を得る
  receive **aid**

406

■ vocabulary
/ voʊkǽbjʊlèri / ⒸⓊ
語彙

　vocabularyが持つニュアンスは、「たくさんの単語が入った袋」のようなもの。「個人が持つ語彙数」といった意味にもなるのはそのため。だから、「語彙が多い」というときは have many vocabularies ではなく have a large vocaburary になる（袋が何個もあるのではなく、袋が大きいというイメージ）。「単語」という意味では使わない。

　また、数詞はつかないので気をつけよう。

よくあるミス

- たくさんの語彙を学ぶ
  { × learn many vocabularies
  { ○ build one's **vocabulary**
  可算名詞として用いる場合、厳密には複数形も存在はするが基本的には単数で使う。

- 100個以上の単語
  { × more than 100 vocabularies
  { ○ more than 100 **words**

例

- 語彙を増やす
  improve/expand/increase one's
  vocabulary

■ handwriting / hǽndràɪtɪŋ / Ⓤ
手書きの文字　字体

　日本語でいう「字が綺麗だ」の「字」には、letterではなくhandwritingを使う。
不可算名詞だというのも覚えておこう。

[頻出]

- 綺麗な字
  good/neat **handwriting**
  e.g.) 彼女は字が綺麗だ。
  　　　Her handwriting is neat.

- 汚い字
  bad/terrible **handwriting**

■ motivation / mòʊtəvéɪʃen / Ⓤ
やる気　モチベーション

　日本語でも「モチベ」などといわれる。英語でのニュアンスは、誰からも命令されることなく自発的に何かをしようとする「やる気」のことである。

[よくあるミス]

- ～するモチベーションを上げる
  { × raise one's **motivation** to V～
  { ○ **get** more **motivated** to V～
  この場合はmotivatedと形容詞形にした方が自然な表現になる。

[頻出]

- 高いモチベーション
  a high level of **motivation**
  不可算名詞なのでa motivationにしない。

- ～するモチベーション(やる気)がない
  lack **motivation** to V～

- ～するモチベーションが下がる
  be less **motivated** to V～

409

■ **industry** / índəstri / ⓒ ⓤ
産業

ひとくちに産業といわれても具体的なイメージが湧かないだろう。そういった漠然とした「産業全般」を指す場合は不可算名詞として扱われる。

より詳しく、「○○産業」という場合には可算名詞扱いになる。

例

• 貿易と産業
trade and **industry**
個別の産業ではないので不可算名詞にする。

• 保険やコンサルのようなサービス産業
service **industries** such as health care and consulting
特定の産業を指しているので可算名詞となる。

• 観光が主要産業である。
Tourism is a major **industry**.

• 産業を発展させる
develop (an) **industry**

410

■ **staff** / stǽf / ⓒ
スタッフ

日本語の「スタッフ」と同じように組織で働く人を意味するが、使い方が難しい。

以下の例を参考にしてしっかりと使えるようにしよう。

よくあるミス

• 1人のスタッフ
 { × a staff
 ○ **a staff member**（米）
 ○ **a member of staff**（英）
「1人のスタッフ」と言いたいとき、a staffとは言わない。

• 5人のスタッフ
 { × five staffs
 ○ **a staff of** five
「～人のスタッフ」といいたいときはa staff of～とする。

＊ The staff is～ と The staff are～ はアメリカ英語（前者）とイギリス英語（後者）の違い。

＊ 集団をまとめてスタッフというときには、staffsともいえるがstaffとするのが一般的。

■ peace / píːs / Ⓤ
平和

不可算名詞で基本的に冠詞もつかない。

頻出

- (国) と和解する
  make **peace** with~
- (場所) に平和をもたらす
  bring **peace** to~
- やすらぎ
  peace of mind
  「心の平和→やすらぎ」となる。
  e.g.）(人) に心のやすらぎを与える
  　　　give sb peace of mind
- 平和を維持する
  keep the **peace**
  この場合は冠詞(the)をつける。

■ middle / mídl /
中旬　中頃

「～の中旬・中頃」といいたいときはthe middleを使う。時系列の真ん中を表すニュアンスがある。

頻出

- 夏の真っただ中
  in **the middle** of summer
- 戦争の真っただ中
  in **the middle** of a war

＊類義語のcenterのニュアンスは、はっきりとした中心があり、時間などのおおまかな中間地点には使われない。はっきりとした時間の中心を表すときは、midday(正午)、midnight(深夜0時)という。
　e.g.）円の中心
　　　　the center of a circle
　　　　街の中心
　　　　the center of the city

413

■ social networking
/ sóʊʃəl nétwɚkɪŋ / Ⓤ
ネットを使った交流

インターネットを使い友達の輪を広げることを英語では social networking という。近年頻出の語句なので使えるようにしよう。

SNS は social networking service の略語である。正式名称も書けるようにすると良い。

頻出

- ネットの交流サイトを使う
  use **social networking** sites

- SNS関連のアプリ
  social networking applications

414

■ tool / túːl / Ⓒ
instrument / ínstrəmənt / Ⓒ
equipment / ɪkwípmənt / Ⓤ
道具系

どれも「道具」を表すがニュアンスが異なる。

tool…広範に「道具」を表す。簡単に手に入るものから精密機器まで幅広く使える。

instrument…医療や研究など専門的でアカデミックな分野で用いる道具を表す。

equipment…3つの中で唯一不可算名詞で、toolsやinstrumentsを1つにまとめた集合体のようなニュアンスである。

頻出

- ～のための有効な手段(道具)
  an effective **tool** for ~

- ～のための手段(道具)を使う
  use/employ a **tool** for ~

- ～のための研究機器
  a research **instrument** for ~

- 事務用品
  office **equipment**
  1種類の品ではなく、様々な種類の品を一括りにしている。

■ purpose / pə́ːpəs / ©
goal / góʊl / ©
目的　目標　ゴール

　purpose…「目的」を表すのに一番使われる語である。その目的を果たすための過程に着目するニュアンスがある。

　goal…purpose が過程に着目しているのに対し、goal はその目的を達成した一地点に焦点を当てている。マラソンなどでゴールテープを切る瞬間を想像すると分かりやすい。

　とはいえ、purpose と交換可能な場合が多い。

頻出

- 短期的/長期的な目標
  a short-term/long-term **goal**

- ～という目標を達成する
  achieve the **goal** / **purpose** of~

- それは～の目的にそぐわない。
  It defeats the **purpose** of~.
  この場合は goal と交換不可能。

- 目標を設定する
  set a **goal**

- 目的にかなう
  suit the **purpose**

- 日本を訪れた理由（目的）
  the **purpose** of one's visit to Japan

■ woman / wʊ́mən / ©
female / fíːmeɪl / ©
女　女性

　woman と female を容易にパラフレーズするのは危険。

　woman…woman が人間の女性のみを指し示すのに対し、female は人間のみならず動物の「雌」も指す。

　female…woman よりもフォーマルな印象を与えられる。しかし、指し示す範囲の違いから、woman's right（女性の権利）など社会的・文化的な文脈では woman を使うことが多い。

　また、female は名詞よりも形容詞で使われることが多い。

＊ male ©（男）、man ©（男性）も同じことがいえる。

よくあるミス

- 女性の権利
  × female's right
  ○ **woman's** right

頻出

- 雌の動物
  female animals

- 男性優位の社会
  a **male-oriented** society

＊ salesman, saleswoman や policeman, policewoman などは現代では不適切な表現とされ、**salesperson** や **police officer** というのが一般的。

■ status / stéɪtəs / Ⓤ
position / pəzíʃən / Ⓒ
地位　ステータス

status…日本語でよくいわれる「ステータス」と意味の違いはほとんどなく、社会的な地位」というニュアンスを持つ。盲点だが、statusは不可算名詞である。頻出の表現を覚えて適切に使えるようにしよう。

position…statusと同様に「社会的な地位」という意味がある。ただし、こちらは可算名詞である。

頻出

- 高い地位につく男性
  a man of high **status**

- 低い地位にいる人々
  people who have low **status**

- 高い地位を獲得する
  achieve/acquire high **status**

- 社会における女性の地位
  the **position** of women in society

■ diet / dáɪət / Ⓒ
meal / míːl / Ⓒ
食べ物　食事

diet…dietというと日本語では「痩せるためのダイエット」が思い浮かぶが、英語では「食べ物」のことを指す。主に健康に関して述べている文脈で使われる。

meal…朝昼晩に食べる1回の食事を表す。

頻出

- 健康的な食事をとる
  have/eat a healthy **diet**

- バランスの取れた食事
  a balanced **diet**

- 軽い食事をとる
  have/eat a light **meal**

- 食後に
  after a **meal**

- ご飯を作る
  cook a **meal**

- 1日3食
  three **meals** a day

＊より一般的に「食べ物」を表す語としてfoodがあるが、詳細はp.66を参照。

■ step / stép / ⓒ
stage / stéɪdʒ / ⓒ
段階　進歩　措置

　step…段階を踏むプロセスに焦点が当てられ、「進捗」と言い換えることもできる。また、「措置」という意味でも使われるので覚えておこう。

　stage…プロセスというより各段階そのものを表す。
　使い方や使う状況がそれぞれ異なるのでミスと例を参考にしてほしい。

よくあるミス

・〜に向けて大きな前進をする
　{ × take a great stage forward in〜
　{ ○ take a great **step** forward in〜

例

・段階を踏む
　take **steps**

・適切な措置をとる
　take appropriate **steps**
　この場合、「段階」というより「措置」が正しい。

・初期段階で
　at an early **stage**

・病気のかなり進行してしまった段階
　the advanced **stage** of the disease

・段階的に
　in **stages**
　e.g.）段階的に発展する
　　　　develop in stages

■ feature / fíːtʃər / ⓒ
characteristic
/ k`ærəktərístɪk / ⓒ　特徴

　どちらも「特徴」と訳されるが、ニュアンスに違いがある。

　feature…「ものごとの表面的な特徴」を意味する。

　characteristic…「ものごとの内面を含めた特徴」を意味する。つまり、characteristic は feature の意味を併せ持つといえる。

例

・彼は目が一番の特徴だ。
　His eyes are his best **feature**.
　人の外見的な特徴を表している。

・我慢強い個性
　the **characteristic** of being patient
　我慢強さは内面的な特徴である。

■ result / rɪzʌ́lt / ⓒ
consequence
/ kánsɪkwèns / ⓒ　結果

　result…その結果をもたらした原因が明白な場合に用いることが多く、具体性を帯びる。

　consequence…結果に到るまでの様々な成り行きに着目したニュアンスをもつ。また、多くの場合ネガティブな結果に対して使われる。

　これらを踏まえても実際に使い分けるのは難しい。それぞれ頻出の使い方を押さえよう。

頻出

- 良い結果
  a positive **result**

- ～の最終的な結果
  a net **result** of～
  聞き慣れないと思うが、コロケーションとしてnetを使うことが多い。

- 結果に苦しむ
  suffer the **consequences**
  sufferのコロケーションはp.00を参照。

- 悪い結果
  negative **consequences**

- 深刻な結果
  serious **consequences**

- 避けられない結果
  inevitable **consequences**

■ habit / hǽbɪt / ⓒ
custom / kʌ́stəm / ⓒ
習慣

　どちらも「習慣」と訳されるが、その規模に違いがある。

　habit…「癖」と訳した方が分かりやすく、「個人レベルでの習慣」を表すときに使う。

　custom…「社会や国レベルで行われている習慣」を表す。

頻出

- 日本の習慣
  Japanese **customs**
  「国レベルの習慣」はcustom。

- ～する伝統的な習慣
  the traditional **custom** of Ving～

- ～する習慣（癖）がある
  have a **habit** of Ving～
  「癖」と訳せるならhabitを使う。

- ～する習慣をつける
  make a **habit** of Ving～

- 悪い習慣を直す
  get rid of bad **habits**

■ clothes /klóʊz/ ⓒ
clothing /klóʊðɪŋ/ ⓤ形
形 服 衣類 衣類の

どちらも衣類を表す単語だが違いがある。

clothes…単数形は存在せず常に複数扱いで、clothesからかたちを変えない。ニュアンスは私たちが想像する一般的な「服」というイメージ。

clothing…不可算名詞で、clothingsとはいわない。clothingは帽子や靴など体に身につけるもの全般を表し「衣類品」といったイメージだ。形容詞の「衣類の」もよく使われるので覚えておく。

例

- 服を着る
 wear/put on one's **clothes**/ **clothing**
 この場合clothesの方がよく使われる。

- 服を脱ぐ
 take off one's **clothes**

- たくさんの服
 many **clothes**/a lot of **clothing**
 不可算名詞だがmuch clothingとはあまりいわない。

- これらの服は珍しい。
 These **clothes** are rare.

- 浴衣は日本の伝統的な衣服だ。
 Yukata is traditional Japanese **clothes**.

- アパレル会社
 a **clothing**/an **apparel** company
 衣類全般を扱うのでclothing (apparel)を使うのが良い。

- 防護服
 protective **clothing**
 protective clothesはあまり使われない。

■ debate /dɪbéɪt/ ⓒ
discussion /dɪskʌ́ʃən/ ⓒ
議論

debate…ある命題に対して2つの異なる立場がぶつかり合うことを前提とした議論で、勝ち負けが想定される場合が多い(討論)。

discussion…debateと違い、勝ち負けはなく、「話し合い」に近いイメージである。

頻出

- ～についての議論(話し合い)
 a **discussion** about/on～

- ～についての議論(討論)
 a **debate** about/over～

- ～について論争を引き起こす
 trigger a **debate** over～

- 議論中
 under debate
 この場合はunder a debateにしないように。

 e.g) この問題はまだ議論中である。
  This question is still under debate.

425　

■ **character** / kǽrəktɚ / ⓒ
　personality / pə̀ːsənǽləti / ⓒ
性格

---

character…「他との違いを明確にするような際立った性格」を指す。したがって、「他と比べて」というニュアンスが強い。

personality…「人が他人と接するときに現れる特徴」というニュアンス。

[頻出]

• 国民性

the national **character**

「その国に住んでいる人の性格＝国民性」。他の国との違いがあることが前提なのでcharacterを使う。

• 社交的な性格

an outgoing **personality**

他人と接することを想定した表現なのでpersonality。

426　

■ **space** / spéɪs / Ⓤ
　universe / júːnəvɚːrs / Ⓤ
宇宙

---

space…「地球の大気圏外に広がる宇宙」というニュアンス。

universe…「地球を含めた宇宙全体（＝万物）」といったニュアンスがある。

よくいわれるのが「space＝人の視点」、「universe＝神の視点」。

また、universeは必ずthe universeとなるのに対し、spaceにはtheをつけてはいけないことに注意しよう。

[よくあるミス]

• 人類は宇宙に住むことになる。

　　× People will live in the space.
　　○ People will live in **space**.

[例]

• 地球は宇宙の中の塵にすぎない。

The Earth is only a speck in **the universe**.

「地球が宇宙の一部」というニュアンスが出ている場合はthe universeが良い。

■ lesson/lésn/ⓒ
class/klǽs/ⓒ
授業

　交換可能な場合が多いが、微妙なニュアンスの違いも覚えておこう。

　lesson…「classに比べて規模が小さい」というイメージを掴むと良い。私的な習いごと(語学やピアノなど)に使いたいときはlessonが適切である。日本語でも「レッスン」というときは個人的な習いごとを想像するだろう。

　class…「学校の教室でクラスメイトと受ける授業」というニュアンスが強い。

　単複の判断基準としては、「今週の○○の授業」など1回の授業を表すときはもちろんa class/lessonとなる。漠然と「○○の授業を受けている」という場合はclasses/lessonsとなる。

よくあるミス

・個人レッスン
　⎰ × private classes
　⎱ ○ private **lessons**
　私的なニュアンスが入るのでlessonにする。

頻出

・ピアノのレッスンを受ける
　take piano **lessons**

・歴史の授業がある
　have history **classes**

■ landscape/lǽndskèɪp/ⓒ
scenery/síːn(ə)ri/Ⓤ
景色

　landscape…景色の中でも、見渡した陸地のかたちやその美しさに限定したニュアンスがある。

　scenery…ぱっと見て綺麗だと感じる自然の景色を指す。
　landscapeは可算名詞、sceneryは不可算名詞だということもしっかりと覚えること。くれぐれもa sceneryとしないように。landscapeについては、語の性質上あまりlandscapesとはならないので基本的単数形で使う。

頻出

・景色を楽しむ
admire the **scenery/landscape**
enjoyでも間違いではないがadmireを使うとより良い。ニュアンスによってscenery/landscapeを使い分ける。

・これらの景色は500万年前にかたち作られた。
These **landscapes** were shaped
five million years ago.
地形の美に着目していることからshapeとの相性が良い。

■ immigration / ìmɪgréɪʃən / Ⓤ
migration / maɪgréɪʃən / ⓊⒸ
移住

　ひとくちに移住といっても、ニュアンスに違いがある。

　immigration…「個人や家族」が「他国」へ移り住むことを意味する。

　migration…「大勢の人々」が元々住んでい地域から「自国のどこかや他国」へ移動することを意味する。

　また、immigrationは不可算名詞で冠詞もつかない。migrationは、厳密には可算名詞だがa migrationとなるのは稀。

頻出

- 日本への移住
  immigration to Japan

- 他の州への移住
  migration to other stutes
  他国への移住ではなく、自国の中の別の州への移動などでmigrationを使う。

■ mistake / mɪstéɪk / Ⓒ
error / érɚ / Ⓒ
間違い　ミス

　mistake…「間違い」を広く意味する最も一般的な言葉。

　error…よりフォーマルな印象があり、すべてではないが特に機械のバグや言葉の誤用などに対して使われることが多い。

　どちらも可算名詞だが、mistakeに関しては例外的に不可算名詞として扱われる頻出熟語があるので気をつけよう。

よくあるミス

- 間違えて/うっかり
  { × by a mistake
  { ○ by **mistake**
  不可算名詞で使われる慣用表現。

- 間違いを犯す
  { × do a mistake
  { ○ **make** a mistake

頻出

- 間違いを直す
  correct a(an) **mistake** / **error**

- コンピュータが犯す間違い
  a computer **error**
  errorは機械系の単語との相性が良い。

- 人為的なミス
  human **error**
  よく使われる表現だ。冠詞がつかないことに注意。

■ **base** / béɪs / Ⓒ
　basis / béɪsɪs / Ⓒ
　基盤　ベース

　日本語で「〜ベースで」、「〜に基づいて」
というときは base ではなく basis を使う
ことに注意。
　base は、「物理的なものの土台」、「軍の
基盤である基地」、「活動の拠点」などを表
すことが多い。

よくあるミス

• 〜に基づいて
　{ × on the base of~
　{ ○ on the **basis** of~

• 〜ベースで
　{ × on a~base
　{ ○ on a~**basis**

例

• 日常的に（日常ベースで）
　on a daily **basis**

• 地球規模で
　on a global **basis**

• 陸軍の基地
　a military **base**

• 〜の拠点
　a **base** for~

■ **east** / íːst /
　west / wést /
　south / sáʊθ /
　north / nɔ́ɚθ /
　東、西、南、北

　それぞれの方角を表す名詞だ。前に the
をつけることを忘れずに。

よくあるミス

• 東西南北
　{ × east, west, south, north
　{ ○ **north, south, east, and west**
　まず順序が日本語と違い、英語では「北南東西」
になる。そして、and を入れることを忘れずに。
また、all four points of the compass でも「東西
南北」を意味する。

• 太陽は東から昇り西へ沈む。
　{ × The sun rises from the east and
　　　sets to the east.
　{ ○ The sun rises **in the east** and
　　　sets **in the west**.

頻出

• 北へ
　toward **the north**

• 南に
　in **the south**

■ standard / stǽndəd / Ⓒ
criterion / kraɪtíəriən / Ⓒ
基準

standard…「標準」、「基準」という意味。ニュアンスとしては、「あるものがどれだけ達成されているか、もしくはあるものに異常がないかどうかの基準」となる。「規格」や、「尺度」、「水準」という意味になるのもこのため。例えばテストで取った点数が50点、70点、100点だった場合、それらを評価、比較するために設ける基準と覚えると良い。単なる判断の基準には適していない。

criterion…order（p.108）と同じイメージで、複数形であるcriteriaになる場合が多いと考えておくと良い。意味としては「あるものの判断の基準や行動選択の基準」。日本語の「基準」に近いのはこちらのことが多い。「ある判断の根底にある基準」と覚える。

例

・日本の生活水準を判断するために客観的な指標（基準）を用いる。
I use objective **criteria** for **the standard** of living in Japan.

よくあるミス

・高い/低い基準を設ける
　{ × set a high/low criterion
　{ ○ set a high/low **standard**
「判断や行動選択の基礎、基準」になるcriteriaにhigh/lowは用いない。なおcriteriaの「基準を設ける」はestablish the criteriaが多い。

頻出

・基準を満たす
meet **a standard / the criteria**
意味はそれぞれ、説明と同じ。

・標準以下だ
be below **standard**

・国際基準
international **standards**
standard（基準、水準）の上がり下がりはimprove/declineで表すと良い。

・主観的な評価基準に基づいて
be based on a subjective evaluation **criterion**

■ audience / ɔ́ːdiəns / ⓒ
spectator / spékteɪtɚ / ⓒ
聴衆　観客

　audience…「コンサート、映画、演劇などの観客」を表す。基本的に集合名詞として使い、後に続く動詞はThe audience is~.のように単数動詞になる。しかし集団の中の個々の成員を指す場合には、後に続く動詞は複数動詞になる。

　spectator…「スポーツの観客」を指す。audienceとは違いmany spectators（たくさんの観客）や10 spectators（10人の観客）などといえる。

よくあるミス

- たくさんの/少ない聴衆
  - × many/a few audiences
  - ○ **a large/small audience**

  e.g.) この映画館にはたくさんの客がいる。
  　　　There is a large audience in this theater.

- そのレースにはたくさんの観客がいた。
  - × The race had a large audience.
  - ○ The race had **many spectators**.

  スポーツなのでspectator。

例

- 100人の聴衆

  an audience of 100

  1つの集団（an audience）に100人の聴衆という意味。100 audiencesとすると100の集団が存在することになる。

- 10人の聴衆の前で

  in front of **an audience** of 10

- 観客は全員若い人だった。

  The audience were all young people.

  young peopleと個々の成員を指しているのでwereになる。

第 2 部
形容詞・副詞・接続詞

such as	across	incorrect-wrong
only	recent	old-elderly
even	local	a littele-somewhat
different	especially	western-eastern
same	alone	since-as-because
own	almost	early-soon-fast
still	basic	possible-impossible
important	native	several-a number of
because	online	real-true
This(That) is why ~ .	deeply	difficult-hard
every	available	international-global
Japanese	exact	both-either-neither
far	natural	rich-poor
last	many-much	complex-complicated
kind	between-among	near-nearly
common	high-tall	high-highly
economic	without Ving-instead of Ving	easily-simply
economical	for-during	certainly-surely
together	correct-right	severe-serious-strict

■ such as / sʌ́tʃ əz /
のような

例を提示するときに使う。

such as の後に例を列挙するときは、同じ規模のものを並列させる。

よくあるミス

× **such as** fruit and banana
○ fruits **such as** bananas and apples

フルーツとバナナでは規模が違うので並列できないため1文目は間違い。

＊類義語に「～のような」を表す like ~ があるが、日常的な砕けた表現なのでライティングにおいてはあまり使わない方がいい。

■ only / óʊnli / 形
唯一の

only は「それ以外にない！」というニュアンスを掴んでおこう。だから「唯一の」と訳される。また、形容詞の only は必ず後ろに名詞がつく（補語にならない）。

例

・唯一の方法
the **only** way
その方法以外に選択肢はない。

・3分だけしかない
have **only** 3 minutes

・一人っ子
an **only** child
「1人っ子」以外の意味で only に an が伴うことは稀。他には an only son（1人の息子）an only daughter（1人の娘）などがあり、どれも子を表す特徴がある。

＊「それ以外にない」というニュアンスなら、**just** を代わりに使っても問題ない。

437

■ **even** / íːvn / 副
でさえも　ですら

even は、「基準からいい意味でも悪い意味でも離れている」というイメージを持とう。

例

- 若い子ですらそれらを知っている。
  Even youn children know it

- 裕福な国ですら貧困は存在する
  Poverty exists **even** in rich countries.
  人やもの、状態をevenで強調したいときには、それらの前におく。

438

■ **different** / díf(ə)rənt / 形
異なった　様々な

「〜と異なった」を表すときは **different from** ~ にすること。

different to ~ と **different than** ~ も同じ意味だが、前者はイギリスで口語のみ、後者はアメリカでしか使われないイディオムなので、共通で使われている from を使おう。

また、「様々な」という意味で使うときは後ろに続く名詞を複数形にする。ニュアンスとして、「同種」で2つ以上のものを表すときに使う。

例

- 日本語は英語と異なる。
  Japanese is **different from** English.

- 様々な文化
  different cultures
  後ろに続く名詞を複数形にする。

■ same / séɪm / 形
同じ　同一の

　the same という形で使うのが基本。
the という "特定" の意味を持つ冠詞がつく
のは、「（○○と）同じ」という以上、○○が
それ以前で "特定" されているのが前提だか
らだ。

よくあるミス

・AとBは同じである
  {× A and B are **same**
  ○ A and B are **the same**
  形容詞で補語の形をとっても the same となる。
  the を忘れずに。

例

・完全に同じ
  the exact **same**
  the very same も同じ意味。
  e.g.）完全に同じ方法
  　　　the exact same way

＊価値や量が「同じ」というときは、ライ
　ティングにおいては **equal**（p.148）を用
　いることが多い。

・等価
  equal value

・等量
  equal amount

・同一賃金
  equal pay

■ own / óʊn / 形
自分自身の

　所有していることを強調したいときに使
う。own単体では使えないので前に必ず所
有格をつける。

よくあるミス

・自分自身の家
  {× the **own** house
  ○ **one's own** house

・自分のアイデア
  {× the **own** idea
  ○ **one's own** idea

＊さらに強調したい場合は one's very
　own とすることができる。
＊**of one's own** で同じく「自分自身の」を
　表す。
　e.g.）私の部屋
　　　a room **of my own**
　　　私の子
　　　a child **of my own**

441

■ **still** / stíl / 副
まだ　依然として

「何かの状態が依然として続いている様子」を表す。

使うときは、still を入れる位置に気をつけること。

例

- 依然としてここにいる
  I **still** stay here.
  一般動詞の前

- 依然として怒っている。
  I'm **still** angry.
  be動詞の後ろ

- 依然として準備できていない。
  He **still** isn't ready.
  be動詞がisn't やwasn't のように短縮形になっていたら前

- 依然として歩ける。
  I can **still** walk.
  助動詞の後ろ

- 依然として理解できない。
  I **still** don't understand it.
  I **still** can't understand it.
  一般動詞の否定文、助動詞の否定文の前

442

■ **important** / ɪmpɔ́ətnt / 形
重要な

基本単語だが、使い方がある程度決まっているので気をつける。

頻出

- Sが~する / ~するのは重要だ。
  It is **important** that SV/to V ~.
  アカデミックなライティングではS is (are) important. と書くよりこうした方が良い。

- ~にとって重要だ
  important for ~
  e.g.) 彼女にとって寝ることは重要だ。
  It is important for her to sleep.

■ because / bɪkɔ́ːz / 接
なぜなら～だから

「なぜなら～だから」を意味するが、単にそれだけの意味で暗記していると英文を書く際には不自然な文になってしまいがちだ。もっと適切に使うために、後ろに「原因」が続くという意識を持っておこう。原因を説明するということは、当然結果もしっかりと言及されている必要がある。明確な「原因→結果」の関係が成立しているかを意識することで、より適切な使い方をできるだろう。

試験で課されるライティングや公文書などの形式的な文章では文頭に because は置かない。日常会話では文頭に来るケースもあるが、文章を書く際には避けること。

because の後に名詞を続けたい場合は〈because of ＋名詞〉にする。

よくあるミス

・電車の遅れによって、彼は遅刻した。

△ **Because** the train was delayed, he was late.

○ He was late **because** the train was delayed.

文頭に because は原則置かない。電車が遅れた（原因）→彼は遅れた（結果）。

・交通渋滞によって、彼は遅刻した。

× He was late **because** the traffic jam.

○ He was late **because of** the traffic jam.

後に名詞を導くのは because of 。

頻出

・主に～という理由で
mainly **because** ～

・1つには～という理由で
partly **because** ～

＊「それは～だからだ」を表す This is because ～. も後ろに原因が続くのだが、それがしっかりと前文で述べた結果に対する直接的な原因になっているか注意すること。

444

■ This (That) is why~.
それが〜の理由（原因）だ。

becauseとは反対にwhyの後ろには「結果」が来る。因果関係を常に意識しよう。気をつけるべき点は、「原因」が複数あってもThey are why ~ など複数形にする必要がなく、常にThis/That is why ~ となること。

例

- A, B, Cが大きな懸念だ。それが理由で私は賛成できない。

  A, B, and C are the main concerns. **That/This is why** I cannot agree.

  前述の通り、賛成できない理由が複数個あってもThat/Thisにする。

445

■ every / évri / 形
すべての

可算名詞の単数形を修飾する際に使い、動詞も単数に合わせることに注意。

よくあるミス

- 全ての人々は英語を学ぶ必要がある

  × **Every** people **have** to study English.

  ○ **Every** person **has** to study English.

*「○○時間／日ごとに」を表すためにeveryを使うときは、every 4 hours（4時間ごとに）, every 3 days（3日ごとに）のように複数形をとらなければならない。

---

everyoneの使い方

everyoneは範囲が設定されていない場合、「（もれなく）全員」の意味合い。したがって、漠然とした「皆」や「多数」の意味での「皆」には使えない。もし書きたい場合は範囲を設定する。

e.g.) クラスの皆
　　　 everyone in the class

もし範囲を明確にできない場合はeveryoneを避け、manyやmostを使おう。

■ Japanese / dʒæpəníːz / 形
日本の

Japanese に限らず、国名や地名は原則名詞の直前に置く。

よくあるミス

- 日本の伝統文化
  - × the Japanese traditional culture
  - ○ the traditional **Japanese** culture

  国名は修飾する名詞の直前に置く。

* Japanese と Japan's の違いは明確に線引きしにくい。ただ、それぞれのコーパスデータを参照すると Japanese の方が圧倒的に多く使われているので無難に前者を使うことをお勧めする。

the Japanese population と Japan's population では後者の方が使用頻度が高い。しかし、この2つは文脈によって使い分けられているのでおさえておこう。

the Japanese population…日本に限らず世界中に住んでいる日本国籍の人の数を表せる。だから、「中国における日本人の人口」といいたいときは the Japanese population in China というのが適切。

Japan's population…日本国内に住んでいるすべての人々の数を表す。これは国籍を問わず「日本という国が所有している人口」というニュアンスが強い。

■ far / fάɚ / 副形
遠くに、遠くの

「距離」、「程度」がかけ離れているときに使う。

例

- ～から遠い
  far from ~
  e.g.) ここは私の家から遠い
  　　　This place is far from my house.

- これは現実からかけ離れている
  This is **far from** reality.

- ～をはるかに越えて
  far beyond ~
  e.g.) ～の能力をはるかに超えて
  　　　far beyond one's ability

- 遠い場所
  a **far** place
  a distant place と同じ意味。

- 遠い将来
  the **far** future
  a far future にしないように。

448

■ last / lǽst / 形
この前の　昨○　先○

　時を表す名詞（day, week, month など）の前につくと「昨日、先週、先月..」を表すことができる。それ自体で「先週に、先月に」など名詞のみならず副詞の役割もはたすことができるので、前置詞は必要ない。

よくあるミス

- 昨日
  - × last day
  - ○ **yesterday**

- 昨日の朝
  - × last morning
  - ○ **yesterday** morning

- 昨日の昼
  - × last afternoon
  - ○ **yesterday** afternoon

last night で「昨晩」というが last day, last morning, last afternoon は間違いなので注意。

449

■ kind / káɪnd / 形
親切な　優しい

　前置詞のミスが多い単語。よくあるミスを挙げるので、それらを参考にして相性の良い前置詞を覚えるようにしよう。

よくあるミス

- ～に優しい
  - × kind with ~
  - ○ **kind to** ~
  この場合の前置詞は to。

- （人）が～するのは優しい
  - × It is kind for sb to V ~
  - ○ It is **kind of** sb **to** V ~
  この場合は of。

■ common / kámən / 形
ありふれた　共通の

ミスと頻出表現を押さえて適切に使えるようにしよう。

よくあるミス

• ～するのはありふれている。
- × It is common that SV ~.
- ○ It is **common for** sb **to** V ~.

that SV ~ というかたちはとれない。

• 共通言語
- × the same language
- ○ **a common** language

頻出

• ～のありふれた使い方

the common use of ~

• Sが～であるのは常識である。

It is **common knowledge** that SV ~.

common knowledge は皆が知っている知識を表す。例えば、「日本には47都道府県がある」や「富士山の高さ」などはこれに当てはまる。

• 良識

common sense

「人として守るべきこと」という意味での常識をさし、「皆が知っていること」とい意味での常識とは違う。

• 一般人

the **common** people

common person とはあまりいわない。

＊他にも「一般人」を表す言葉で the **average** person（people）, **ordinary** people があるが最も一般的なのは the **average** person である。というのも、ordinary, common は必ずではないが「平凡」というニュアンスを持つことがあり、差別的と捉えられることがあるからだ（normal p.137）。

451

■ **economic** / èkənámɪk / 形
経済の

　「貿易」や「産業」など、地域や国の金銭的な利害に関すること。economicalと混同しないように。

頻出

- 経済危機
  an **economic** crisis

- 経済政策
  an **economic** policy

- 経済格差
  an **economic** gap

452

■ **economical** / èkənámɪkl / 形
（節約の意味で）**経済的な**

　「お金や時間などを慎重に使い節約をしている様子」を表す。economicと混同しないように。

頻出

- 簡単で経済的な方法
  an easy and **economical** way

■ together / tʊɡéðɚ / 副
一緒に　共同で

　よく勘違いされがちなのが「一緒に＝2人で」と想定してしまうこと。しかし、together は3人以上にも使えるので表現の幅を増やそう。

　使うときは指し示す主語や目的語が必ず複数になることに注意。

よくあるミス

• 彼女は一緒に来ますか。
> × Will she come together?
> ○ Will she come **with us**?

主語が「彼女1人」しか指さないのでtogetherは使えない。

例

• 彼らは私たちと一緒に来る。
They come **together** with us.
主語を2者以上にする。

■ across / əkrɔ́(ː)s / 前
のいたるところに　を横切って

　「片側から反対」というのが根っこのイメージ。だから、もちろん go across the street (〜を横切って行く) のような使い方もあるが、ライティングでは「〜のいたるところに」や「〜中に」などもよく使われる。

よくあるミス

• 私は道を渡る
> × I across the street.
> ○ I **cross** the street.

across は前置詞なので「〜を渡る」と動詞で書きたいときは cross を使う。

頻出

• 世界のいたるところで
across the globe/world

• 全国で (国中で)
across the country

455

■ recent / ríːsnt / 形
最近の

　「最近」といっても明確にどのくらいの期間と決まってはいない。しかし「最近の」という以上は、あまりに昔のことを指しても不自然になってしまう。目安として、ここ5年以内のことをいうときに使うと良い。それ以上は in the past 20 years（ここ20年の間に）など数字を具体的に書こう。

頻出

- ここ数年の間に
  in **recent** years

- ここ最近の研究
  a **recent** study

＊副詞の recently（最近、近ごろ）も recent と同様、昔のことをいい過ぎないこと。また recently は過去形、完了形と共に用いることを覚えておこう。
　e.g.）国際結婚は近ごろ普通のことになりつつある。
　International marriage **has recently** become a common phenomenon.

456

■ local / lóʊkl / 形
地元の

　日本語の田舎を表す「ローカル」とは違い、ある人が住んでいる特定の場所を表す。したがって、その人にとっての「地元の」という意味になる。

よくあるミス

- 田舎に住む人々
  { × people who live in a local area
  { ○ people who live in a **rural** area
  「緑が生い茂った田舎」は rural。

頻出

- 地元の政府
  local goverment

- 地元の人々
  local people

457

■ especially / espéʃəli / 副
特に

文頭には置けない。常に文の途中に入れること。「特に」と文頭に置いて文全体を修飾したいときは代わりに **In particular** を使う。

よくあるミス

- 特にSは~である。
  - × Especially, SV ~.
  - ○ **In particular**, SV ~.

例

- 需要は特にアジア諸国で増えている
  Demand is rising, **especially** among Asian countries.

458

■ alone / əlóʊn / 形副
他から離れた(て)　孤立した(て)

alone というと「1人」というイメージが先行してしまう人が多い。しかし、alone は2人以上にも使われる(主語がwe, they になる)ので「他から離れた(て)」というイメージを掴んだ方がいい。「対象となる人(々)やものが、他から離れて孤立してしまう」というニュアンス。

例

- 私たちは孤立している。
  We are **alone**.
  「私たち」と複数人いるがaloneは使える。weという集合が他の人たちから離れていると考える。

459

■ **almost** / ɔ́ːlmoʊst / 副
もう少しで　だいたい

　副詞として使用するのが一般的だが例外的にその他の品詞のように扱われることが多い。イメージとして「〜のあと一歩手前」と覚えておこう。

よくあるミス

- ほとんどすべての人
  - × almost the people
  - ○ **almost** all of the people

人々（people）まで一歩手前だとおかしい。すべての人（all）が揃うまであと一歩手前と考える。

例

- ほとんど皆
  almost everyone
  皆が揃うまであと一歩手前。代名詞のeveryoneを修飾している例外。

- 大体2時
  almost two o'clock
  「2時まであと一歩手前」と考える。

- 彼はもう少しで殺されるところだった
  He was **almost** killed.
  殺されるまであと一歩手前と考える。

- だいたい1年/10年
  almost a year/ a decade
  1年/10年まで一歩手前と考える。

460

■ **basic** / béɪsɪk / 形
基本的な　初歩の

　「〜にとって基本」を表すときは basic to 〜 であることに注意。

頻出

- 〜にとって基本である
  be basic to 〜
  e.g.）努力は英語を上達させるための基本である。
  Effort **is basic to** becoming proficient in English.

- a **basic** skill
  基本的な技能

- 基礎知識
  basic knowledge

■ native / néɪtɪv / 形
母国の　生まれ育った

　日本語で「ネイティブ」というときは、「ある国の言葉を母国語として話す人」を指す。英語ではその意味もあるが、もっと広く「母国の、生まれ育った」という意味でも使う。

よくあるミス

- 故郷（生まれ育った場所）
  - △ one's town
  - ○ one's **native** country

  one's town は古い表現。

頻出

- 母国語
  one's **native** language

- 非母国語としての英語
  English as a **non-native** language

  non-native は形容詞で「母国ではない」という意味。

■ online / ánlàɪn / 形副
オンラインの　オンラインで

　online は形容詞の他に、副詞としても用いることができる。

例

- ネット投票
  online/internet voting 形

- 通信教育を受ける
  take **online** courses 形

- ネット上で利用可能な情報
  information available **online** 副

  副詞なので on online にする必要はない。

463

■ **deeply** / díːpli / 副
深く

「物理的な深さ」の他に、「程度の深さ」も
表せる。

よくあるミス

・～を深く理解する
  { △ understand ～ deeply
  { ○ understand ～ **well/completely**
  deeplyを使っても文法的なミスではないがコロ
  ケーションとしては不自然になる。

頻出

・～を深く考える
  think **deeply** about ～

・～に深く根付いている
  be **deeply** rooted in ～

464

■ **available** / əvéɪləbl / 形
利用できる

形容詞で名詞の後ろにつくことが多い
（後置修飾）。

頻出

・一般人が利用できる情報
  information **available to** the public
  「～が利用できる」は available to ～。

・色々な場所で利用できる
  available in various fields

■ **exact** / ɪgzǽkt / 形
　一寸の狂いもない　正確な

「ものごとが一寸の狂いもなく正確なさま」を示すときに使う。

例
- ~の正確な数
  the **exact number** of ~
- ~の正確な量
  the **exact amount** of ~
- 正確な時間
  the **exact time**

■ **natural** / nǽtʃrəl / 形
　当然な

日本語で「ナチュラル」というと「自然」、「素」といった意味を表すことが多い。しかし、英語のnaturalはそれ以外にも「当然な」という意味があり、ライティングでもよく使われる。

頻出
- （人が）~するのは当然だ。
  It is **natural** (for sb) to V ~.
- Sが~するのは当然だ。
  It is **natural** that S (should) V ~.

467　

■ **many** / méni / 形
　much / mátʃ / 形
たくさんの

---

many…可算名詞を修飾する。

much…不可算名詞を修飾する。基本的には否定文で使われる。too much や so much という形では例外的に肯定文でも使われる。

よくあるミス

・お金がたくさんある
　⎰ × have much money
　⎱ ○ have **a lot of** money
much は否定文で使うのが普通なので a lot of にする。

・女子よりはるかにたくさんの男子がいる。
　⎰ × There are much more boys than girls.
　⎱ ○ There are **many** more boys than girls.
「数えられるものがより多い」といいたいなら many more を使う。ものごとの強調を much more という響きだけで覚えている人が多いので注意。

頻出

・かなりたくさんの情報を提供する
provide so **much** information
so much なので肯定文でも使える。

468　

■ **between** / bətwíːn / 前
　among / əmʌ́ŋ / 前
の間に

---

between…2つの人やものの間を意味するので、後ろに2つのものを表す複数形をとる。

among…3つ以上の人やものの間を意味する。

ただし、relationship や difference の後ろには3つ以上であっても among ではなく between を置く。

よくあるミス

・3カ国間の関係
　⎰ × relationship among the three countries
　⎱ ○ relationship **between** the three countries

例

・2カ国間の協力
cooperation **between** the two countries

・足の間に
between one's feet
feet は「両足」を表すので between が使える。

・(2人以上の)生徒たちの間で
among students

■ high / hάɪ / 形
　 tall / tɔ́:l / 形
　 高い

high…「底から頂点までの長さ」のことである。山(a high mountain)や壁(a high wall)などに使われる。

tall…「人の背の高さ」や、「細長いものの高さ」を表すときに使う。人(a tall person)や木(a tall tree)などがその例。

また、building は a high building, a tall building 両方を使える。a tall mountain は間違いではないのだが、high が使われることが圧倒的に多い。

よくあるミス

・ハイリスク患者
　{ × high risk patients
　{ ○ **high-risk** patients

・質の高い教育
　{ × high quality education
　{ ○ **high-quality** education

＊日本語の「ハイリスク」、「ハイクオリティ」は英語でも同じように使われるが、形容詞として「危険性の高い〜」、「質の高い〜」というときは high-risk 〜, high-quality 〜とハイフンを間に入れることを忘れずに。ハイフンを入れないと名詞扱いになる。

■ without Ving / wɪðáʊt / 前
　 instead of Ving / ɪnstéd / 前
　 〜することなく

without Ving 〜…しようと思えばできるのにその行為をしないこと。

instead of Ving 〜…他のことと同時にすることが難しいのでその行為をしないこと(二者択一)。「〜する代わりに」と訳されるのもそのため。

よくあるミス

・さようならを言わずに去る
　{ × leave instead of saying good-bye
　{ ○ leave **without** saying good-bye

「さようなら」はいおうと思えばいえるので without を使うのが適切。

・エレベーターに乗らずに階段で登る
　{ × walk up the stairs without taking an elevator
　{ ○ walk up the stairs **instead of taking** an elevator

階段を上りながらエレベーターを使うことはできないので instead of が適切。

471　セットで覚える

■ **for** / fɚ / 前
during / dʊ́rɪŋ / 前
〜の間

forの後ろには、「秒、分、時間、日にち、週、月、年」といった数値が続くことが多い。

during の後ろには期間（夏や冬・時代など）を表す名詞が来ることが多い。かといって **during** の後ろに数字がつかないわけではなく、during the 1990s（1990年の間）のようにいうことがある。

よくあるミス

• 昼間に
{ × during a day
{ ○ **during** the day
during a day を「一日の間＝1日中」としてしまうミスもあるが「1日中」は **all day** と書く。

• 〜しているあいだ
{ × during Ving 〜
{ ○ **while** Ving 〜
during の後ろには動名詞（ving）を置けない。

例

• ○○秒/分/時/日/週/月/年間
for ○○ second (s) / minute (s) / hour (s) / day (s) / week (s) / month (s) / year (s)

• 夏の間
during summer

• 第二次世界大戦中
during World War Ⅱ

472　セットで覚える

■ **correct** / kərékt / 形
right / ráɪt / 形
正しい

correct…前提として、明確な答えがある場合に使うと良い。

right…明確な答えがある場合でも、立場や背景によって正しいとされることが異なる場合でも使える汎用性が高い単語。また、どちらも使えそうな文脈なら correct の方がより丁寧な印象を与える。

よくあるミス

• 正しい綴り
{ △ the right spelling
{ ○ the **correct** spelling
前者でも間違えではないが、スペルは明確な答えがあるので correct にするのが良い。

例

• 善悪
right and **wrong**
wrong と並立させるときは right が適切。

• 正しい答え
the **right/correct** answer
どちらも同じ意味だが、correct の方が丁寧。

■ incorrect / ìnkərékt / 形
wrong / rɔ́ːŋ / 形
間違った

　それぞれ、correct, right の対義語である。

　前項と同じように、incorrectは明確な間違いである場合に、wrong はより個人の価値観に基づいて間違いである場合に使うと良い。もちろん、wrongはものごとの正否にとらわれず広く「間違った」ことを指す場合にも使える。

　incorrectの方が丁寧なのも同様だ。

頻出

- （人が）~すること/Sが~するのは間違っている。
  It is **wrong**/**incorrect** (of sb) to V/
  that SV ~.

■ old / óʊld / 形
elderly / éldəⅼi / 形
年老いた

　意味の違いはないが、old より elderly の方が丁寧だということを覚えておく。old は日本語でいうところの「古ぼけた」にあたるニュアンスも感じられる単語なので、場合によっては差別的と捉えられる可能性もある。ライティングではelderlyを使った方が良い。

例

- 年老いた人々
  the elderly/**elderly people**

- 年老いた女性
  an **old** woman

- 年老いた男性
  an **aged** man
  agedも「年老いた」という意味でライティングではよく使われる。必ず名詞の前に付くことを覚えておこう。

よくあるミス

- ~するのには歳をとり過ぎている
  - △ be too elderly/aged to V ~
  - ○ be too **old** to V ~

  この表現はイディオムなのでoldを使う。

475　セットで覚える

■ **a little** / lítl / 副
somewhat / sám(h)wàt / 副
少し 多少 やや

a littele と somewhat には程度の違いがある。ふつう、somewhat は a little よりも程度が大きいとされ不等号で表すと「**a little < somewhat < very**」となる。しかし、「明確な度合いは定まっていないが多少だ」といいたいときはよりフォーマルなsomewhat を使うと良い。

例

・社会が多少変わった。
Society has changed **somewhat** /
a little.
程度を意識して使い分ける。漠然としているならsomewhat を使うと良い。

476　セットで覚える

■ **western** / wéstən / 形
eastern / íːstən / 形
西洋の、東洋の

注意点は、「西洋 / 東洋文明、西洋 / 東洋諸国」など地域を指して使うときは、基本的に Western, Eastern と大文字で始めること。

頻出

・西洋 / 東洋文化では
in **Western** / **Eastern** culture
・西洋 / 東洋諸国では
in **Western** / **Eastern** countries
the West, the East のみでも「西洋諸国」、「東洋諸国」という意味になる。

方角系は名詞 (p.254) 参照。

■ since / síns / 接
as / əz / 接
because / bɪkɔ́ːz / 接
だから

ライティングで since/as と because を使い分けるときは、読み手のことを意識すること。

読み手にとって後ろに続く情報が初めて聞くもの（新情報）なら **because** を使う。反対に、すでに知っているもの（旧情報）なら **since/as** を使う。since/as は「ご存知の通り～だから」といったニュアンスがあるというわけだ。

because の後ろには読み手の知らない情報が続く。もし because が文頭に来てしまうと、読み手はいきなり「○○だから」と言われることになり、何のことか分からず混乱してしまう。だからほとんどの場合、because は文の途中に使われる。逆に、since/as は文頭に使っても何の問題もない。その代わり、続く情報は相手がすでに知っているものであることが前提となる。

＊アカデミックなライティングで疑問文は使わないが、以下の例を見てほしい。

A: なぜ今日彼は休みなの。
Why is he absent ?

B: なぜなら、彼は病気にかかったからだよ。
Because he got sick.
日常会話なので because が文頭にきている（p.262 because）。

「なぜ？」という質問に対して「ご存知の通り」のニュアンスを持つ since を使ってしまったらおかしい。相手は理由を知らないから聞いているのだ。だから Why? で聞かれたら新情報を導く Because…で答える。

■ **early** / ə́ːli / 副
soon / súːn / 副
fast / fǽst / 副
早く　速く

early …「時間的な早さ」を表す。

soon …「今」を起点にして将来何かが起きたり達成したりするのが早いこと強調したいときに使う。

fast …「ものが動くときの速さ」を表す。

例

- すぐ着くでしょう。
  I will arrive **soon**.
  「現在」からすぐの「未来」に目的地に着くので soon が適切。

- 私は走るのが速い
  I run **fast**.
  走る「速度」を扱っているので fast を使う。

- 私は昨日早くに起きた。
  I woke up **early** yesterday.
  起きた「時刻」が早いので early。

- 2000年代初頭に
  in the **early** 2000s
  「○○年代初頭」というときは形容詞の early を使う。また、the をつけること。

■ **possible** / pásəbl / 形
impossible / ɪmpásəbl / 形
可能な、不可能な

possible は人を主語にとることができないが、impossible は人を主語にできることに注意。

よくあるミス

- （人）が～することは可能である。
  × Sb is（are）**possible** to V ~
  ○ It is **possible** for sb to V ~

例

- （人）が～することは不可能である。
  Sb is（are）**impossible** to V. ~
  It is **impossible** for sb to V ~.

■ several /sévrəl/ 形
a number of /nʌ́mbər/ 形
いくつかの

どちらも「いくつかの〜」を表す。

a number of は確かに「たくさんの〜 (many)」の意味もあるが、その場合は意味の区別を明確にするため **a large number of** と書くと良い。

a number of 〜 の方がフォーマルな印象を与える。

several と a number of の後ろには可算名詞の複数形が来る。

例

- いくつかの理由で
  for **several/a number of** reasons
  a number of はよりフォーマル。

- たくさんの動物
  a large number of/many
  animals

■ real /ríːəl/ 形
true /trúː/ 形
本物の

違いを明確にするには、それぞれが何と比べて「本物」なのかを意識しよう。

real…「想像 (imaginary)」と比べた「本物」である。だから「現実の」とも訳される。

true…「嘘 (false)」と比べた「本物」である。だから「真実の」とも訳される。

よくあるミス

- 現実か空想か
  - × true or imaginary
  - ○ **real** or imaginary

- 嘘か誠かを判断する
  - × judge whether it is real or false
  - ○ judge whether it is **true** or false

■ difficult / dífɪkʌ̀lt / 形 hard / hάəd / 形
難しい

　「難しい」として使う場合、意味の違いはほとんどないと考えて良い（厳密にはあるが）。意識すべきはdifficult の方がより文語的で hard はより口語的だということ。もちろんライティングでhard を使えないわけではない。

頻出

- Sが~とは信じがたい。
  It is **difficult/hard** to believe that SV ~。

- Sが~とは言いがたい。
  It is **difficult/hard** to say that SV ~

＊激務を表す「ハードワーク」は英語でもhard work であり、difficult work にはならないので注意。

■ international / ìntə˞nǽʃnəl / 形 global / glóʊbl / 形
国際的な

---

　international は国境のある国（nation）に入り込む（inter）というイメージである。したがって、国と国どうしの関係が強調される。
　globalは「国境を取っ払って地球すべてを1つとして扱う」という意味で国際的（全球的）である。

頻出

- 国際関係
  international relations
  「国と国の関係」なのでinternationalが適切。

- 国際情勢
  international affairs
  国同士の関係が強調される。

- 地球温暖化
  global warming
  国境に関係なく地球（世界）全体が抱える問題。

■ **both** / bóʊθ /
　either / íːðɚ /
　neither / níːðɚ /
　**AとBの　どちらも、どちらか一方、
　どちらも…ない**

---

both…後ろにand を伴い「AとBのどちらも」という意味になる。

either…後ろにor を伴い「AとBのどちらか一方」という意味になる。

neither…後ろにnor(not + or)を伴い「AとBのどちらも…ない」という意味になる。

例

- 質と量のどちらも必要
  need **both** quality **and** quantity

- 質か量のどちらか一方が必要
  need **either** quality **or** quantity

- 質と量のどちらも必要ない
  need **neither** quality **nor** quantity

＊ not both A and B と not either A or B の意味の違いに注意する。
　It does not include both men and women.
　It does not include either men or women.
上記の例のうち、前者のbothの文は「それは男性と女性の両方を含んでいるわけではない」という部分否定の意味になる。一方で後者のeitherの文は「それは男性と女性の両方とも含まない。」という全否定の意味になる。だから、後者は It includes neither men nor women. と同じ意味になる。

＊ neither nor はそれ自体に否定の意味が備わっているのでdo not need neither A nor B にしないように。

| 485 | セットで覚える |

■ **rich** / rítʃ / 形
poor / púɚ / 形
裕福な　豊富な、貧しい　乏しい

---

rich…「お金や資産があまっている裕福な状態」を指す。それ以外にも資源や栄養が「豊富」というときに使う。

poor…お金や資産が乏しいこと。また、「資源などが乏しい」という場合にも使う。

ライティングでよく使われるのは、総称表現の the rich（裕福な人々）と the poor（貧しい人々）。これらは集合名詞扱いになる。

よくあるミス

• 裕福な / 貧しい人々は〜だ。
{ × the **rich** / **poor** is~.
{ ○ the **rich** / **poor** are ~.
それぞれ rich people, poor people に書き換えられる。

例

• 〜での豊富な経験を持つ
have **a lot of** / **extensive** / **rich**
experience in ~
rich も使われるが、a lot of と extensitve の方が使われる頻度は高い。

• ビタミンCが豊富
rich in vitamin C

• 資源に乏しい
poor in resources

| 486 | セットで覚える |

■ **complex** / kəmpléks / 形
complicated / kámpləkèɪtɪd / 形
複雑な

ライティングで「複雑な」といいたいときはよりフォーマルな complex を使うと良い。

どちらも、「複雑さゆえに理解しにくい」というニュアンスがある。

違いに明確な線引きはできないが、complicated は複雑さの度合いが complex よりも強い。なので、complicated はマイナスの文脈で使うとよりしっくりくるだろう。

頻出

• 複雑な過程
a **complex** / **complicated** process

• 複雑な問題
a **complex** / **complicated** problem

＊「複雑な心境」といいたいときは **mixed feelings** という。
e.g.）複雑な心境になる
have mixed feelings

■ near / níɚ / 副前形
nearly / níɚli / 副
近く　近い、ほとんど

　かたちは似ているが意味は違うので注意
しよう。

　near …副詞、前置詞、形容詞がある。意
味は「近く」、「近い」。

　nearly…そのかたちからnearの副詞形
と間違える人がいるが、nearにはそれ自
体に副詞としての用法があるので間違い。
意味は「ほとんど」で、almost（p.271）と
似ている。ただ、コーパスデータによれば
後ろに数字が続くときにはalmostよりも
nearlyが優先して使われる傾向が強い。

- 近い将来に
  in the **near** future

- 海に近い村
  a village **near** the beach

- ほぼ50パーセント
  nearly 50 percent

- ほぼ10年
  nearly 10 year(s)

■ high / háɪ / 副
highly / háɪli / 副
高く

　high…「高く」と副詞で使われる場合、
「物理的な高さ」を指す。

　highly…「程度の高さ」を強調し「非常に」
と訳される。

よくあるミス

- 鳥が高く飛んでいる。
  × A bird is flying highly in the sky.
  ○ A bird is flying **high** in the sky.
  「物理的な高さ」を指しているのでhighを使う。

- 彼は非常に尊敬されている。
  × He is high respected.
  ○ He is **highly** respected.
  「尊敬される程度」が高いのでhighlyを使う。

■ **easily** / íːzli / 副
simply / símpli / 副
簡単に

easily…容易さを表し「いとも簡単に」といったイメージ。

simply…複雑さがなくなり「簡潔に」といったイメージ。

よくあるミス

・簡単にいえば
  ┌ × to put it easily
  └ ○ to put it **simply**
「容易にいう」のではなく「簡潔にいう」ので simply。

・その機械は簡単に破損する。
  ┌ × The machine is simply
  │   damaged.
  │ ○ The machine is **easily**
  └   damaged.
機械は「簡潔に破損する」のではなく「容易に破損する」ので easily。

■ **certainly** / sə́ːtnli / 副
surely / ʃʊ́əli / 副
たしかに　きっと

どちらも「確かに、きっと」などと訳されるが、ニュアンスの違いを意識しよう。

certainly…surely より確信の度合いが高く事実に基づいている場合に使われる（≒ **definitely**）。

surely…事実に関係なく書き手の確信を表すので「きっと」と訳した方がしっくりくる。

アカデミックなライティングでは、より客観性がある certainly を使うのが良い。

頻出

・Sが～であるのは確かに事実である（が…）。
  It is **certainly** true/possible that
  SV～(, but…).

but を続けることで譲歩構文（確かに…しかし…）を作ることができる。

■ **severe** / səvíɚ / 形
serious / síriəs / 形
strict / stríkt / 形
厳しい

severe…「ものごとが深刻な状態であること」を表し、問題（**problem**）、怪我（**injury**）、天気（**weather**）などに使う。serious よりも深刻さが強い。

serious…severe に近く、問題（**problem**）、怪我（**injury**）、犯罪（**crime**）に使われる。

ただし、severe weather を serious weather とはあまりいわず、反対に serious crime を severe crime とはあまりいわない。

strict…「厳格さ」を表し、人・規則（**rule**）、基準（**standard**）、法律（**law**）などに使う。

頻出

• 深刻な問題
a **severe/serious** problem

• 悪天候
severe weather
bad weather よりも深刻なニュアンス。

• 厳しい先生
a **strict** teacher

• 厳格なルール
a **strict** rule

第**2**部
助動詞

■ need 助
（否定形で）**する必要はない**

助動詞の意味では必ず否定形（need not）で用いること。「必要がある」といいたい場合は動詞として扱い need to V~ のかたちにすることが重要。

よくあるミス

・我々はその需要を満たす必要がある。
- × We need meet the demand.
- ○ We **need to** meet the demand.
肯定文では need は動詞。そのため三単現の s が必要な場合もある。

＊have to との違いだが、基本的に交換可能。しかし、何かの目的を達成するために自発的に「しなくてはならない」場合は need to、外部の要因、義務などから「しなくてはならない」場合は have to が用いられることが多い。
　強制力は「must＞need to＞have to」になる。

■ can 助
am/is/are able to 形
できる

どちらも「～できる」という意味を表すが、am/is/are able to の方がよりフォーマルな表現であり、口語では can の方が多く用いられる。

よくあるミス

・この車は速く走ることができる。
- × This car is able to run fast.
- ○ This car can run fast.
主語が無生物の場合は can を使う。

・あなたはすぐに中国語を話せるようになるでしょう。
- × You will can speak chinese soon.
- ○ You will be able to speak Chinese soon.
未来を表す場合は will be able to を使う。

■ could 助
was/were able to 形
できた

could…「~できた」を意味する、「過去に起きた1回限りの成功」を表すときには使えず、過去に継続して可能だったことのみに用いる。だから、couldを使うときには、「一定の長さの期間にできた」と明記した方が良い(When SV ~、By the time SV ~など)。

また、see, feel, hear などの知覚動詞と共に用いる場合はwas/were able toではなくcould を使う。

was/were able to …反対に、「過去の一回限りの成功」を表すときに使う。

ただし否定形ではcould not も1回限りの成功を表すことができ、was/were able to と同じ意味になる。

よくあるミス
• 宿題を終わらせることができた。
  × I could finish my homework.
  ○ I **was able to** finish my homework.
  couldだと「宿題を終わらせることが"できていた"」という継続のニュアンスになる。

例

• 私は10歳になるまでに英語を話すことができた。
By the time I was ten, I **could** speak English.

• ~が見えた
could see ~

• 宿題を終わらせることができなかった。
I **could not/was not able to** finish my homework.
否定形の場合はどちらも使える。

＊ネイティブは実際のところcouldを「現在の推量」の意味で使うことがかなり多い。canの過去形とは別に、couldという「かなり弱い推量を表す助動詞」が存在すると覚えておくべきだろう。
  e.g.) 新しい技術の開発は人間にとって大きな進歩なのかもしれない(だろう)。
  The development of new technologies could be a great advance for humans.

■ may/might 助
かもしれない

may=50パーセント　might=30パーセントと説明されることもあるが、実はそこまで違いがない。「かもしれない」の意味では基本的にmightが用いられる。ライティングにおいてはwillの代わりに「確信度の低い未来の推量」を表す場合が多い。

＊なお、「しても良い」という許可の意味でmightを用いることはできないが、canとmayは「しても良い」という意味も持つ。「しても良い」の意味のmayは丁寧な表現で、上下関係が意識されることが多い。それに対してcanは「できる可能性がある」というニュアンスとなり、上下関係は意識されない。

よくあるミス

・（先生に）トイレに行ってきても良いですか。
　{ △ Can I go to the bathroom.
　{ ○ **May** I go to the bathroom.
　先生など目上の人に向けていっているのならばmayを使う。

例

・自由貿易を推進することは重要かもしれない。
　It **might**(**may**) be important to promote free trade.

■ must 助
しなくてはならない　に違いない

「しなくてはならない」、また「に違いない」となるが、未来を表すことはなく、現在を表すと考えること。推量の意味では主に根拠があって「に違いない」となる。また、推量では否定形にならない。

よくあるミス

・彼はここに来るに違いない。
　{ × He must come here.
　{ ○ He **will** come here.
　mustは現在にしか使えないということはしっかり把握しておこう。未来を表すときはwillが来る。

＊「〜に違いない」と表すwill/mustはアカデミックに意見を述べるときには使わない。100パーセントの言い切りというかたちになるためだ。条件英作では用いる場面もある。

497

■ should 助
すべきだ　はずだ

現在、未来両方の「はずだ」という推量を表す。また、主観的判断によって「すべきである」という意味も持つ。これと類似の表現との区別はしっかり把握しておくこと。

よくあるミス

- （目上の人に向かって）この問題に対処すべきです。
  - × You had better deal with this problem.
  - ○ You **should** deal with this problem.

had better は「やらないとまずい」や、もはや「やれ」という命令に近いニュアンスなので目上の人には用いることができない。提案する際にはshould を使う。

＊強制度の強さとしては、「had better ＞ ought to ＞ should」の順。ought to は客観的な視点に基づいて、つまり道徳や法律などの観点から「すべきである」ということを表す。否定形で用いられることはあまりない。

498

■ used to V～ 助
would 助
かつては～したものだ

used to V ～…「（今は違うが）かつては～したものだ」といったように、今と対比した過去を表す。be, like などの状態動詞と一緒に使うことができるのも would との違いである。

would…「かつては～したものだ」と単に「過去の習慣」を表し、今その行動や習慣をしているかどうかまでは分からない。この意味の would は状態動詞と一緒に使うことができないので注意。

よくあるミス

- かつてこのあたり辺には本屋があった。
  - × There would be a book store around here.
  - ○ There **used to be** a bookstore around here.

- 彼はかつて犬が好きだった。
  - × He would like dogs.
  - ○ He **used to** like dogs.

このように状態動詞に would は使えない

例

- かつてはバイオリンを弾いたものだ
  used to／would play the violin

used to が「今はバイオリンを弾いていない」というニュアンスを持つのに対し、would は今弾いているかどうかまでは分からない。

P

Q

R

著者紹介

東 皇佑（あずま・こうすけ）

▶1998 年生まれ。2018 年早稲田大学政治経済学部入学。
高校 2 年次にニュージーランド、フィリピン、シンガポールに計 1 年間滞在する。帰国後は日本の一般入試も経験し、現行の日本の英語教育と英語圏で実際に使われている英語との間に乖離があることに不満を持つ。"使える" 英語に受験がシフトすることを機にそれに則した参考書の出版を目指す。

舟口 力（ふなぐち・ちから）

▶2000 年生まれ。2018 年早稲田大学政治経済学部入学。
大学受験を通し、既存の英単語帳への不満を抱え、このような単語帳があればいいという思いから出版を志す。

● — 校正協力　　富岡 恵
● — 校正　　　　Tsubame Publishing 余田 志保
● — カバーデザイン　竹内 雄二
● — DTP　　　　WAVE 清水 康広

ライティング力を磨く英単語 厳選 626

2020 年 6 月 25 日　　初版発行

著者	**東 皇佑／舟口 力**
発行者	**内田 真介**
発行・発売	**ベレ出版** 〒162-0832　東京都新宿区岩戸町12 レベッカビル TEL.03-5225-4790 FAX.03-5225-4795 ホームページ　http://www.beret.co.jp/
印刷	**モリモト印刷株式会社**
製本	**根本製本株式会社**

ISBN 978-4-86064-613-4 C2082　　　　　　　　編集担当　大石裕子